● 青少年校外教育丛书

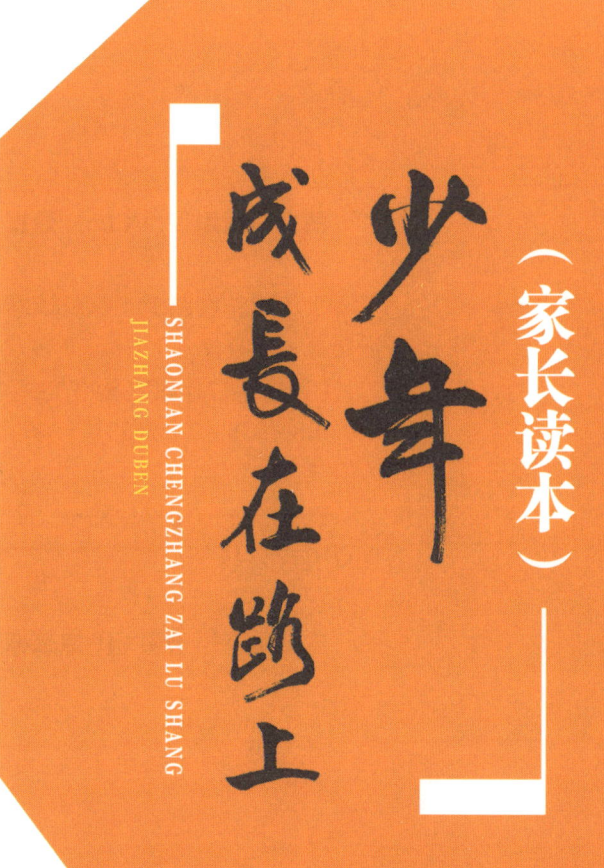

少年成长在路上（家长读本）

SHAONIAN CHENGZHANG ZAI LU SHANG
JIAZHANG DUBEN

曾伟良 主编

·广州·

图书在版编目（CIP）数据

少年成长在路上：家长读本/曾伟良主编.—广州：华南理工大学出版社，2016.7

（青少年校外教育丛书）

ISBN 978-7-5623-5006-4

Ⅰ.①少… Ⅱ.①曾… Ⅲ.①青少年教育-校外教育-通俗读物 Ⅳ.①G775-49

中国版本图书馆 CIP 数据核字（2016）第148308号

少年成长在路上（家长读本）
曾伟良　主编

出 版 人：	卢家明
出版发行：	华南理工大学出版社
	（广州五山华南理工大学17号楼，邮编510640）
	http://www.scutpress.com.cn　E-mail: scutc13@scut.edu.cn
	营销部电话：020-87113487　87111048（传真）
责任编辑：	王　岩
印 刷 者：	广州市新怡印务有限公司
开　　本：	787 mm×1092 mm　1/16　印张：13.75　字数：217千
版　　次：	2016年7月第1版　2016年7月第1次印刷
定　　价：	45.00元

版权所有　盗版必究　　印装差错　负责调换

少年成長三不素家庭學校社會三方面形成合力才能培養出健康快樂陽光智慧的孩子

蕭宇勇題

本书编委会

主　编：曾伟良
编　委：（以姓氏笔画为序）
　　　　邓汝扬　冯惠玲　全　艳　杨佐强　李月仪　李奕顺
　　　　余旨恒　陈建业　陈晓霞　周文芳　林金凤　郑丽媛
　　　　施晓莎　唐　妍　黄焯睿　蓝露璐

编委会成员简介

曾伟良

（主编）

　　曾伟良，男，汉族，广东人。1981年毕业于空军第十航空学院飞行专业，1989年选修深圳大学公共关系专业，1994年选修中国人民大学国际金融与贸易专业，1996年中国地质大学行政管理专业毕业。参与编著的图书包括青少年素质拓展训练丛书《青春蓝图》、《创新社区教育发展推进学习型社会建设》等。多篇论文获市级一、二等奖，多门课程研发获市级一、二等奖。从2000年起致力青少年校外教育辅导，是"少年成长在路上"项目的领头羊。

青少年校外教育丛书

少年成长在路上（家长读本）

邓汝扬

邓汝扬，男，广东罗定人，现居广州。"少年成长在路上"青少年校外教育项目课题组成员之一，2012—2014年任广州市团校青少年校外教育辅导员，现为广州市团校青年拓展训练部活动干事，主要负责开展青少年校外教育以及户外培训活动。爱好粤语说唱，特长为音乐创作以及篮球等体育活动。擅长户外户内培训，懂得以特长吸引青少年，并为他们做良好示范。

冯惠玲，女，广东阳江人，中共预备党员。"少年成长在路上"青少年校外教育项目课题组成员之一，2013—2014年任广州市团校青少年校外教育辅导员。主修社会工作专业，擅长朗诵、主持、作文、心理辅导及组织开展拓展活动。担任广州市团校校外教育辅导员期间，发挥专业所长，将负责的工作做到最好。

冯惠玲

全艳

全艳，女，湖南人。"少年成长在路上"青少年校外教育项目课题组成员之一，2013—2014年任广州市团校青少年校外教育辅导员，目前就读于中山大学南方学院。兴趣爱好广泛，喜欢阅读、跑步、打羽毛球和绘画。曾参加广州市团校夏（冬）令营活动，喜欢与孩子们相处，因为喜欢他们青春洋溢的笑脸。座右铭：我把一切苦难都当作是减肥，虽然我并不胖。

编委会成员简介

　　杨佐强，男，广东中山人。"少年成长在路上"青少年校外教育项目课题组成员之一，2014—2015年任广州市团校青少年校外教育辅导员。就读于广州市广播电视大学，具有奉献精神，曾获"优秀志愿者"称号。兴趣爱好广泛，喜爱游泳、看电影、唱歌、乒乓球、篮球等。在担任广州市团校辅导员期间，做事仔细，考虑周到，指导学生全面发展。

杨佐强

　　李月仪，广东清远人，"少年成长在路上"青少年校外教育项目课题组成员之一，2013—2014年任广州市团校青少年校外教育辅导员。就读于广东工业大学，性格外向开朗，喜欢户外活动，如跑步、爬山、远足等。座右铭：既然选择了远方，便只顾风雨兼程。

李月仪

　　李奕顺，男，广东湛江人，就读于广东工业大学，现居广州。"少年成长在路上"青少年校外教育项目课题组成员之一，2013—2014年任广州市团校青少年校外教育辅导员，曾在广州市团校参与多次组织活动，拥有丰富的学生管理经验与活动开展经验。擅长各种主题活动的组织开展与项目的跟进收尾工作，为人耐心，性格开朗，工作积极。

李奕顺

青少年校外教育丛书

少年成长在路上（家长读本）

余旨恒

余旨恒，男，广东清远人。"少年成长在路上"青少年校外教育项目课题组成员之一，2013—2015年任广州市团校青少年校外教育辅导员，在广州市团校青年拓展训练部从事青少年校外教育工作，深受家长及小朋友的喜爱。擅长青少年户外拓展训练、音乐演唱等。带队经验丰富，形成自己风格，在夏（冬）令营期间曾多次成功纠正学生的偏差行为。座右铭：风雨无阻，花开不停。

陈建业，男，广东深圳人。"少年成长在路上"青少年校外教育项目课题组成员之一，2012—2014年任广州市团校青少年校外教育辅导员，现为广州市团校青年拓展训练部执行干事。从事青少年校外教育工作多年，经验丰富，深受家长及小朋友的喜爱。擅长青少年户外拓展训练、游泳教学、音乐演唱等。座右铭：青少年即是祖国未来，让青少年健康成长是我们新青年的使命。

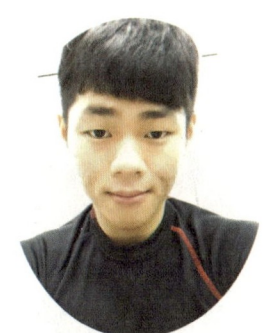

陈建业

陈晓霞

陈晓霞，女，广东揭阳人，现居广州。"少年成长在路上"青少年校外教育项目课题组成员之一，2013—2014年任广州市团校青少年校外教育辅导员，表现优秀。擅长各项素质拓展培训活动，如语言培训、心理辅导、体育活动等。性格开朗，积极乐观，喜欢音乐，喜欢语言，喜欢把一件事情做到极致！

编委会成员简介

周文芳，女，广东人。"少年成长在路上"青少年校外教育项目课题组成员之一，2013—2015年任广州市团校青少年校外教育辅导员。广东工业大学学生，擅长绘画、写作、POP。校内外实习实践经验丰富。处事谨慎，执行力强。热衷于志愿服务，曾获多种义工奖励。作为大学生志愿者多次参与到广州市团校夏（冬）令营中，带队经验丰富，喜欢因材施教，授之以渔。

周文芳

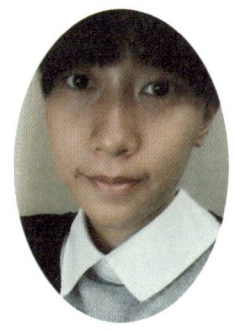

林金凤

林金凤，女，广东人。"少年成长在路上"青少年校外教育项目课题组成员之一，2013—2014年任广州市团校青少年校外教育辅导员。就读于广东青年职业学院，从大一开始就积极参加市团校举办的公益夏令营，在过程中乐于把学校所学与实践进行有效结合，带着孩子们一起更好地成长。在夏令营举办过程中，多次获得来自学生、家长、主办单位的认可与赞赏。

郑丽媛，女，广东普宁人。"少年成长在路上"青少年校外教育项目课题组成员之一，2013—2014年任广州市团校青少年校外教育辅导员。主修社会工作专业，多次参与广州市团校举办的校外拓展教育活动。任辅导员一职时，得到了与青少年直接互动的机会，在过程中，得到尊重，收获友谊。座右铭：相信青少年的健康发展，有你我的参与将更精彩！

郑丽媛

施晓莎

施晓莎，女，广东汕尾人。"少年成长在路上"青少年校外教育项目课题组成员之一，2014—2015年任广州市团校青少年校外教育辅导员，就读于广州中医药大学。爱好唱歌、绘画、太极、旅行。曾多次获得国家励志奖学金、校奖学金。在参加广州市团校夏令营期间，关注孩子们的健康，督促孩子们健康饮食、合理作息，是一名优秀的带队老师。

唐妍，女，湖南人。"少年成长在路上"青少年校外教育项目课题组成员之一，2013—2014年任广州市团校青少年校外教育辅导员，现为广州市团校青年拓展训练部青少年校外教育工作者。就读于中山大学南方学院，爱好英语、阅读、写作。担任多期夏令营、冬令营、亲子营的辅导员，带队风格独特，亲和力强，做事果断，经验丰富，表现突出。

唐妍

黄焯睿

黄焯睿，女，出生于2004年9月，广州人。"少年成长在路上"青少年校外教育项目课题组成员之一，2014—2015年参加广州市团校夏令营。就读于天河区体育西路小学，担任年级中队长。学习成绩优异，多次获得校内"十星好少年""三好学生"等荣誉称号，并多次获得区（校）比赛前三名。爱好跑步、阅读。参加广州市团校夏令营期间表现突出，深受辅导员老师喜爱。

蓝露璐，女，广东河源人。"少年成长在路上"青少年校外教育项目课题组成员之一，2014—2015年任广州市团校青少年校外教育辅导员。就读于广东工业大学，曾任班长、辅导员助理等多个职务，获得一致好评。在创新创业项目比赛中获得国家级立项。任广州市团校辅导员期间，认真负责，富有主见，表现优异，成功配合纠正多个行为偏差个案，并获得"优秀辅导员"称号。

蓝露璐

总序

著名教育家蔡元培先生有言："教育乃兴邦之本。"教育事业的发展关乎国家的前途命运，其中，尤以青少年教育最为重要。青少年的成长成才是学校、家庭和社会共同努力的结果。全方位的教育环境才能铸造青少年健全的人格，使青少年获得全面的发展，某一方面的缺陷或缺位往往是构成青少年教育失败的根源。

在很长的一段时间内，许多人习惯将青少年教育等同于校园教育，社会上或多或少存在着重视校园教育、忽视甚至是无视校外教育的倾向。实践证明，青少年校外教育是我国教育事业不可或缺的组成部分，是体验式教育的重要方式和途径。在全面推进素质教育、构建学习型社会的时代背景下，青少年校外教育承载着培养思想品德、创新精神和实践能力的重任，需要全社会共同努力抓紧抓好。

广州处在改革开放的前沿，在许多领域开风气之先，教育改革和创新都曾立异标新，独树一帜。21世纪初，广州市团校以青少年素质拓展训练为载体，开始了青少年校外教育系统化、专业化探索。2002年，我们引进了国际流行的ABC理念（即"历奇为本"）和NPL理念（即"身心语法程式"），结合国内青少年素质教育实际，在全国青年工作院校系统内率先开展青少年素质拓展训练项目，引起了社会的广泛关注。在当时的条件下，不仅为青年工作院校开拓新的发展空间和途径提供了借鉴，也为青少年校外教育的推广普及起到了宣传和示范作用。

近几年，我校以夏（冬）令营的形式，结合社会公益，陆续开展了"广州一家亲"外来子弟公益夏（冬）令营（2012年）、"书香少年中国梦"中小学生公益夏（冬）令营（2013年）、"社会主义核心价值观"青少年融入教育夏（冬）令营（2014年）、"有参与有获得感"青少年社会实践教育夏（冬）令营（2015年）等系列活动，受到了学员、家长以及社会各界的肯定，俨然成为我校青少年校外教育的崭新品牌。为使我们的工作和成果惠及更多的学生、家长，也让更多的同行分享我们的探索和感悟，我们撷取工作中的感想、感动和感悟，付诸文字，凝聚成"青少年校外教育丛书"。在这套丛书中，我们从发生在夏（冬）令营、亲子营中青少年们的真实案例出发，进行深入细致的剖析，以期能够发现问题的根源本质，并探索出行之有效的解决方案。

少年智则国智，少年强则国强。我们愿与有志之士一道，不遗余力探索青少年校外教育的有效途径，塑造青少年素质教育优质品牌，为青少年健康成长、早日成才奉献绵薄之力。

广州市团校校长

2016年5月

推荐序一

《少年成长在路上》(家长读本)是值得广大家长认真阅读的一本好书。

天下家长,都爱自己的孩子,但如何理解爱,什么样的爱对青少年成长有利,什么样的爱是以爱之名在伤害孩子?

孩子的问题其实就是家庭教育的问题,孩子健康成长需要爱,但家长也要学会爱。爱需要尊重,需要信任,需要理解,需要表达。本书通过大量的实例,生动、形象地展示了孩子在成长过程中出现的问题与家庭教育的关系,令读者深受启发,发人深省。

相信家长们读过本书后,会明白该如何好好爱自己的孩子,让孩子健康成长。

广州市穗港澳青少年研究所副所长、教授

涂敏霞

推荐序二

《少年成长在路上》(家长读本)所记录的大量实例,就发生在我们身边。教育始于家庭,孩子的许多行为、表现,其背后都能追溯到家庭影响的痕迹。孩子的成长过程,也是父母持续学习的过程。孩子的幸福健康系于父母的"自我成长"。

这本书的意义,除了观察少年行为中反映出的问题,作为对"爱"之盲目性的重要警醒之外,更重要的是提出方案并尝试进行纠治,为家长提供改变教育观念的意见和方法。细读此书,不但引起我们对少年行为和心理问题的关注,同时也能获得教育和辅导方面的一些知识和技能。

广州市教育科学研究所原所长、研究员

熊少严

2016年4月

前言

亲爱的家长朋友们：

为人父母，我们承担着一样的至上责任——哺育儿女。同时，我们面临着一样的困惑——如何让孩子健康成长。家庭是少年成长的摇篮，家长是少年成长的首任老师。孩子从无知到有知，需要家庭、学校、社会等方面的关注和引导。

为落实中共中央、国务院《关于进一步加强和改进未成年人思想道德建设的若干意见》和《全民科学素质行动计划纲要（2006—2010—2020）》的精神，深入贯彻党的十八大及习近平总书记系列讲话精神，全面贯彻党的教育方针，弘扬"人道、博爱、奉献"精神，积极培育和践行社会主义核心价值观，落实"育人为本、德育为先、能力为重、全面发展"的教育总要求，教育引导和促进青少年健康成长，根据团市委关于"关爱青少年健康成长成才"的整体部署，在广州市团校、广州社区学院共青团分院曾伟良主任的主导下，自2012年组建青少年校外教育项目研发小组，积极向广州社区学院申报青少年校外教育项目。按项目的承诺，项目小组致力研发适合青少年成长需要的课程和活动方案。如2012年开展"广州一家亲"外来子弟公益夏（冬）令营；2013年开展"书香少年中国梦"中小学生公益夏（冬）令营；2014年开展"社会主义核心价值观"青少年融入教育夏（冬）令营；2015年开展"有参与有获得感"青少年社会实践教育夏（冬）令营。这一系列活动取得了很好的社会效益，参营的青少年人数逐年递增。另为满足家

长的需求，我们也开展了系列的亲子活动，如"大手牵小手"赏识教育亲子营等。在几年的活动实践中，我们发现当下的少年眼界开阔、思维活跃，但是也存在着诸多的行为偏差。为了帮助家长全面认识和理解孩子，帮助家长建立理智型引导孩子的新理念，帮助家长找准预防和纠正孩子不良行为的新对策，帮助家长在引导孩子的道路上少走弯路，我们选择了校外教育项目中的典型的真实案例，编写成这套"青少年校外教育丛书"：《少年成长在路上》（家长读本、少年读本、教师读本、长者读本）。

丛书中的家长读本，汇集了青少年校外教育项目研发小组每位成员的智慧和团队力量。本着原创性、实用性、通俗性、新颖性的原则，编写团队从2012年开始着手，对每个案例都进行了精益求精的反复推敲，历经四年的艰辛耕耘才完成这套丛书的编写。我们衷心希望家长阅读后能有所收获。

编者
2016年5月

目录

爱极便是害

走出熟人交往圈	/曾伟良	2
爱需要理智	/蓝露璐	4
拒绝泛滥的爱	/蓝露璐	7
窒息的爱	/蓝露璐	9
爱之缺 情之殇	/周文芳	12
爱而不溺	/施晓莎	15
爱我你就抱抱我	/施晓莎	18
施爱有"度"	/杨佐强	21
父母的责任不可推卸	/陈建业	23
别以爱的名义绑架孩子	/余旨恒	26
学会给予爱更重要	/李奕顺	29

勤妈与懒孩

青菜洗成"一盆绿水"	/曾伟良	32
父母不能替代一辈子	/蓝露璐	34
勤能"补"拙	/施晓莎	36
孩子应不应该上补习班	/全 艳	39
快节奏生活的弊端	/全 艳	41
请对孩子诚实一点	/全 艳	44

凶爸与熊孩

越唠叨越糟糕	/余旨恒	48
棍棒之下未必出孝子	/施晓莎	51
黑脸还是白脸	/杨佐强	53
不骂不成器	/蓝露璐	55
暖爸的爱	/全 艳	58
要第一不如要快乐	/唐 妍	61

牵手与放手

孩子为什么在夜晚哭泣	/曾伟良	65
"放手"是成长的必修课	/唐　妍	67
"放手"是独立成长的第一步	/施晓莎	70
放手让孩子奔跑	/杨佐强	73
经历短暂的亲子分离	/黄焯睿	76
压迫与放任	/邓汝扬	78
对孩子拼床睡的分歧	/李月仪	80
那一刻的伟大	/全　艳	82
从小事做起	/曾伟良	85

鼓励胜奖励

一席话改变了他	/曾伟良	88
奖励带来这样的结果	/陈晓霞	91
天使的微笑	/全　艳	93
让孩子幸福	/唐　妍	95
鼓励孩子扬起自信的风帆	/唐　妍	97
夸奖是一门艺术	/蓝露璐	100
怕被批评而撒谎	/蓝露璐	102
表扬是个技术活	/杨佐强	105
别说我没用	/林金凤	108

引导的艺术

请吃薯片的故事	/曾伟良	112
孩子在场　父母别吵	/余旨恒	115
家有二孩怎么教	/曾伟良	117
"为什么"比"是什么"重要	/全　艳	119
欲速则不达	/施晓莎	122

信任是感情升温的基础	/施晓莎	125
尊重是友情的助燃剂	/施晓莎	128
有一种伤害叫忽视	/蓝露璐	130
公平是二孩家庭的一剂良药	/唐　妍	132
"游戏世界"背后的故事	/唐　妍	135
警惕不恰当的"自我保护"	/郑丽媛	138
找对方法才能事半功倍	/周文芳	141
安逸并不利于成长	/陈建业	144
磨练孩子的意志力	/杨佐强	146
"善待"的魅力	/曾伟良	148
好父母胜过好老师	/杨佐强	150
做父母也需要资格证	/全　艳	153
孩子为什么总啃方便面	/曾伟良	156
年龄最小的营员	/曾伟良	158

长大那一天

青春期的内向并不可怕	/唐　妍	161
吴家有女初长成	/周文芳	163
孤独的佼佼者	/周文芳	165
两性相处的误区	/陈建业	168
青春期的逆反心理	/杨佐强	170
拒牵异性同伴的手	/曾伟良	172

认错则进步

正确看待孩子犯错	/唐　妍	175
错过的陪伴	/周文芳	178
众人排斥遭孤立	/周文芳	181
每个孩子都有闪光点	/周文芳	184

活跃因子的肆意出没	／周文芳	186
认错是自我成长的第一步	／施晓莎	188
懂事的孩子不是天生的	／施晓莎	190
早日告别多动症	／冯惠玲	193
知错能改 善莫大焉	／杨佐强	196

后记   198

爱极便是害

■ 父母爱孩子是与生俱来的天性,这爱深厚伟大,无时不在。然而,须知爱极便是害。从下面的案例中,我们会发现,对孩子施爱也要有度。

—— 曾伟良

走出熟人交往圈

>> 曾伟良

案 例

学校放暑假了,一对美籍华裔兄弟,哥哥湘君(化名)与弟弟湘俊(化名)远道而来,参加广州市团校举办的"少年行为导向"特训夏令营。

报名时,兄弟俩的父母已告诉工作人员:兄弟俩在美国长大,不会说也听不懂中文,建议懂英文的老师带。入营后,兄弟俩因不懂中文,较难融入团队。遇到国内同龄人的"哑巴"英语,兄弟俩只有随身带着笔和纸,来与队员沟通。尽管沟通不那么畅顺,兄弟俩没有哭,也没有闹着要走。他俩被分在一组,同住一房,活动时也能积极投入,只是反应慢些,因为组织活动的老师不是个个精通英语。自由活动时间,兄弟俩隔三差五要打一架。当老师来制止时,弟弟湘俊对懂英文的老师说:"不打架不过瘾,只是兄弟间打,不与别人打,请放心!"老师反问:"在美国也这样?"哥哥湘君回答:"美国人的个人英雄主义是从小打出来的,不是光靠西点军校锻造,因为不是每个人都有机会进西点军校。"

分析

报名参加冬令营或夏令营的同学，有一半以上是结伴而来，或是同班同学，或是同校不同班，或是兄弟俩，或是表亲、堂亲，或是同社区左邻右舍。在冬令营或夏令营期间，往往打架的都是这些所谓的熟人。这给我们增加了额外的工作量。

在往期的夏令营中，也屡见"不熟识不打架"的现象。父母以为孩子有个伴能彼此照顾，不被人欺负。而孩子却以为父母不在身边，打架也不会被家长训斥，故借此机会发泄怨气，树立权威。孩子听从父母的叮嘱，有伴外出活动，互相照应，但在照应中容易产生摩擦。因彼此父母熟识，孩子无后顾之扰，易由摩擦向打架升级。我们建议家长的观念要更新，送孩子参加校外教育活动，不是熟人聚会，而是让孩子在非熟人圈中互相交流，开阔视野学会交朋友。

结 果

湘君、湘俊在老师的教导下，知道了英雄主义并不是靠打出来的，并保证：以后不会以暴力解决问题。在开营仪式上，我讲了这个案例，家长们都笑了，纷纷表示以后要服从安排，不会要求孩子一定要跟谁在一起。

专家点评

"孩子打架"，事情可大可小，在当前我们的学校管理理念中，往往倾向于夸大其负面的意义，一个机构或团队如果有"学生常打架"，在社会上口碑会很不好。其实，孩子间一般的打架是他们解决纠纷、表达坚持与拒绝的一种方式。孩子还不成熟，面对利益纠纷与意见冲突时解决问题的方法缺乏，一急就动手了。但是，如果"隔三差五要打一架"成为习惯，不论在哪国文化里都不是值得称道的，应该给予教育引导，让孩子们学会文明相处与合作。团队活动的价值在于扩大交往，融入集体，"兄弟俩分在一组，同住一房"迁就的是刚进入营地时的感受。如果能在活动中重新编组，在团队中交到新朋友，学到新知识，这样得到的锻炼和收获更大。

（熊少严：广州市教育科学研究所原研究员、编审）

青少年校外教育丛书

爱需要理智

>> 蓝露璐

案 例

小涵（化名），男，九岁，独生子。平时在队里话比较多，不懂得尊重队友和老师，喜欢在别人交谈时插嘴，乱动营房里的东西，例如丢毛巾、撕壁纸、抠墙壁。在队里也极不配合老师的活动安排，我行我素，不愿意和队友有过多的交流。有时候把笔芯加水装到瓶子里，往别人的身上洒。甚至会欺负其他队的小朋友，还撒谎推卸责任。他给人的感觉是，活在自己的世界里，一切以自己为中心。

每当老师指出他的错误时，他的情绪就会失控，猛地挥动双手，激动的时候会说自己是变形金刚。在他看来，老师们会伤害他，他亦试图用这种方式来保护自己。我们尝试和他的家长沟通，可是他父亲请求我们别把这些情况告诉他母亲，认为这样会让他母亲心情不好，而在他与他儿子的通话中，我们没有听到他对他儿子错误行为的指责，而是像什么事也没发生过一样，跟儿子说让他在队里玩得开心就好。后来我们从他妈妈那里得知，小涵患有多动症，注意力不集中，所以他妈妈希望我们能降低对他的要求。

分析

在如今的独生子女家庭中,父母常常会把子女摆在高于自己的不恰当位置,过分关心,无微不至地照顾孩子;无条件满足孩子的所有愿望,包办孩子的一切,想帮助孩子解决所有的问题。这种教育方式容易造成子女身心发育迟缓,依赖性强,忍耐力差,缺乏独立性和控制能力,过分以自我为中心,从而产生各种行为问题。

有些孩子一旦提出的要求得不到响应,就会采取一些比较极端的做法,因为在他们的内心里,自己的要求就是命令。而父母也从来没有拒绝过,造成在他们的认知里根本不知道自己其实还有得不到的东西——这是一种叫溺爱的畸形关怀。对孩子要"爱"而不"溺",家长在教育孩子的过程中不该给特殊待遇,如果什么时候都给孩子特殊照顾,有什么好东西都给孩子留着,会让孩子感觉自己在家地位高人一等,这样孩子就会感到自己很特殊,习惯于高高在上,久之必然会变得自私,没有同情心,不关心他人。

本案例中的小涵小时候可能注意力不集中,但是后期是可以矫正的,可是他父母以此降低对他的要求,放任他的行为,才造成小涵有现在的行为偏差。我们对小涵采取了以下的指导帮助:

(1)指明正误。刚开始我们严厉指责他这种行为,但得到的效果不太理想。在他父母的溺爱下,他受不了突然有人对他那么严厉。尽管他明白自己有不对的地方,但下次依旧这样,收效甚微。

(2)发现亮点。后来我们发现他动手能力较强,就交给他一个任务,和我们队里另一位沟通能力较强的小伙伴小李(化名)一起,共同完成用若干小木棍搭成房屋这个小游戏,目的是想让他们两个在游戏中发现对方的优点,有更多共同话题,成为好朋友。后来,他们虽然没有成为很好的朋友,但我们发现小涵会时不时找小李聊天。

(3)鼓励引导。我们一改严厉的作风,采用鼓励引导的方式。一旦小涵表现稍微好一点,比如积极回答老师问题,我们就会在全队面前表扬他。

结 果

经过我们的努力,小涵能在一定程度上配合我们的活动。但他的父母不愿和我们多说他们家庭的情况,这种做法不利于我们发现他问题的根源所在,难以帮他从根本上解决问题。

专家点评

溺爱放任与严厉管束是对儿童教育的两个极端,在家和在营地截然不同的要求形成急速的转换和强烈的对比,孩子容易产生抵触。在家庭中,宠爱孩子时家长往往忘记了社会化要求,以致孩子养成一些难以融入群体的坏习惯。父母应该主动与教师、辅导员建立正向的协作关系,在对孩子教育的问题上达成一致。爱孩子,就应该帮助他成为一个受欢迎的人。同时,主动配合教育工作也能让孩子感受到教育工作者在父母眼中的地位,影响孩子对老师、对团队的态度。

(熊少严:广州市教育科学研究所原研究员、编审)

拒绝泛滥的爱

>>> 蓝露璐

案 例

小鑫（化名），十岁，独生女，父母在外打工，由爷爷奶奶抚养。由于家中太久没有小孩，小鑫的出生让爷爷奶奶非常开心，他们从小就非常疼爱小鑫，怕小鑫跌倒受伤或者其他小朋友欺负她，一般不允许她去外面和其他小孩玩。

有一次，小鑫没有完成作业，被老师投诉到妈妈那儿。妈妈知道后打电话回来教育她，小鑫可能知道自己错了，委屈地留下了眼泪。奶奶看到后一直追着她问怎么回事，让小鑫把电话给她，结果奶奶却和小鑫父母争执起来。有一次，奶奶带小鑫出席亲戚的喜宴，小鑫不肯自己坐，一定要坐在奶奶腿上，还一直低着头不肯说话。其他亲戚都和奶奶说别太溺爱小鑫，这种教育方式是不行的，可奶奶觉得小鑫还小，长大就不会了。

分 析

目前农村弃田务工现象较为普遍，为了生计，父母外出打工，将孩子留给老人照顾。还有的年轻父母在大城市打拼，工作繁忙，生活压力大，只好将孩子送回老家。隔代教育下的孩子因为老人的溺爱、父爱母爱的缺失，容易变得唯我独尊，变得被动脆弱，依赖性强，独立性差，社会适应能力差。当这样的孩子不得不迈出家门独立生活时，当他们遇到打击和挫折时，当他们碰到理想与现实的冲突时，便会缺乏足够的承受能力和应付能力。对于这样的孩子，我们建议：

（1）放手让孩子参加集体活动。让孩子学会自我成长，在集体活动中学会与人协作、竞争，给孩子自己独立成长的空间。

（2）让小孩学会独立。现在很多家长觉得孩子还小，事事帮孩子包办，什么都不让孩子自己做，这样会让孩子依赖性很强。就像亲子节目《爸爸去哪儿》中的张亮父子一样，当张亮受惩罚时，他儿子天天问需不需要帮忙，张亮说当然需要啊，虽然他知道儿子帮不上什么忙，但他还是让儿子参与其中，让其学会承担自己的责任。这些看似不起眼的小事，却能调动孩子的积极性，并让他们养成独立思考的习惯。

（3）正视隔代教育的弊端。老人确实在教育孩子方面比我们有经验，但父母应该知道教育孩子是自己的责任，不能把孩子扔给老人后就什么都不管。

结　果

在尝试沟通之后，小鑫家长表示知道这个情况，但并没有认识到问题的严重性，认为孩子还小，长大之后就不这样了。我们在闭营前再次与小鑫的家长沟通，并尽可能地分析利弊，列举出以后可能出现的状况，希望小鑫家长能有所改变，也让小鑫不再处于这样泛滥的爱中。

专家点评

此案例是当今社会很典型的隔代教养和留守儿童教育缺失两大社会现象的聚焦。案例中的十岁女孩的父母，经过与辅导员的沟通之后如果能及时做出调整，孩子还是可以慢慢改变的，比如学会独立，学会与人相处和彼此包容。即使他们因为外出务工无法长期和孩子在一起生活，但是仍然可以通过电话沟通教育或者利用假期和孩子在一起培养亲子关系，以履行为人父母的教养义务。而孩子的爷爷奶奶也要慢慢学会放手，逐渐减少孩子对老人的依赖性，让孩子学会自我成长。相信如果老人和父母都能做出改变，小鑫一定会渐渐走出被溺爱的怪圈，学会独立成长。

（肖宇勇：广州市越秀区文德路小学副校长）

窒息的爱

>> 蓝露璐

爱极便是害

案 例

小胡（化名），九岁，男孩，微胖。在夏令营里，他如希望自己能通过竞选当上队长。竞选那天，小胡自我推荐，并在竞选宣言中说：如能当上队长，父亲一定很开心。而且他答应会管好队伍。他的孝心与承诺，获得大家的认可，结果成功当选了队长。

可是小胡的豪言壮语与他的表现不一致。在夏令营的第三天，队伍集合时，随营老师叫小胡清点人数，他却呆呆地站在一边。第四天，小胡因没有尽到队长的责任，经小组队员讨论决定：降为副队长。

降为副队长的小胡，变得喜欢打小报告。所报告的都是一些鸡毛蒜皮的事。如队友不小心碰到他，虽已经和他道歉，他依然过来告诉老师。结果队友都不愿意和他一起玩。

队友都不爱搭理他时,他却会主动招惹他们,甚至有几次和其他队友打了起来。经了解都是他先欺负人,打输之后他还哭着向老师告状。

随营老师将这些情况如实向家长反映。小胡爸爸知道后说:"如果他再和同学打架,回家就打死他。"小胡听了爸爸的这番话,情绪更加激动,竟然说没有人爱他,他要跳楼,死了算了。说完一下子冲到窗边,一只脚搭在窗台想跳下去,随营老师急忙冲过去制止小胡。

分 析

一开始,小胡表现突出,成功当选队长,但后来他并没有做好,并与队友发生矛盾,与其家长反映,得到的居然是直接暴力解决的答案。小胡爸爸的话也许是戏言,是恐吓,但也可能是真的动手。无论是哪种情况,都会对孩子造成伤害。父母强势的性格和粗暴的教育会对孩子的天性造成压抑,从而影响孩子人格的健康发展。事事要孩子听自己的家长,不但会摧残亲子关系,而且也会破坏孩子自由成长的空间,容易让孩子"窒息"。在这种家庭里成长的孩子,多少都会存在心理问题,如果不及时加以调整,孩子的性格会变得更加消极、孤僻或乖戾。

家长对孩子的管教若是粗暴式的,表面上看似能制止孩子不规范的行为举止,实际上却暗藏着许多危机。有的孩子可能从此丧失信心,变得胆怯退缩,看起来十分"温顺"。也可能因管教方式的不对,导致孩子产生强烈的报复心理,有可能会模仿家长的行为,粗暴、残忍地对待他人。如果能及时给予引导和爱护,则孩子不至于因心理扭曲或性格障碍而走上不归路。若恰好遇上的是不良人群的话,则极易受到影响而误入歧途。对这样的家长,我们建议:

(1)冷静对待。教育是一种高级的交流互动,绝非低俗粗暴的方式可以奏效。家长因孩子的表现令人失望而感到生气时,不要马上冲动去处理,建议先冷静一下再说。因为在盛怒的状态之下,人的认识范围容易变得狭窄,分析解决问题和自我控制的能力下降,而出现语言暴力和肢体暴力的可能性大大增加。家庭教育中暴力行为模式的特点在于,一旦开始基本上就停不下来了,直到最后酿成恶果。

(2)尊重孩子,学会倾听,营造民主氛围。脾气暴躁的家长在教育孩子的过程中应该先改变一下自己强势的性格,营造民主的家庭氛围,要鼓励孩子说出自己的想法,多听听孩子的意见,尊重孩子的选择,让孩子参与家庭事务的决策,

让孩子在其中体会到平等。不要把孩子当成私有财产或附属物，而是将其看成是一个独立的个体，父母只需适当给予一定的指导。在这种氛围中成长的孩子会更加自尊、自立、自信、自强。

针对小胡这一案例，辅导员采取了以下的教育方法：

（1）对症下药。列举他的不正当行为，讲清不正当行为带来的危害，在此基础上，与小胡一起制定惩罚措施。如：他再和同学打架，就要为对方洗衣服。

（2）约定在先。当他再说要跳楼或不配合老师活动时，就让他面壁思过，给他时间好好思考，让他冷静下来，再和他说他错在哪。

（3）齐抓共管。与其父母沟通，让他们了解他的情况。与其父母统一思想，协同行动。

结　果

在老师和家长的共同努力下，小胡认识到自己的错误，得知自己之前的行为给队内其他小朋友带来困扰后，他主动去和大家修好。辅导员一方面与家长沟通，希望以后尽可能不要对孩子太粗暴；一方面让小胡明白，爸爸不是不爱他，而是希望他更好。在夏令营中后期，小胡没再出现情绪激动现象，也没和队友打架了。

专家点评

案例中，九岁的小胡自荐当队长是为了让父亲高兴，同学们觉得他有孝心而同意其当队长。但由于小胡自荐当队长的动机单一，没有发挥队长应有的作用，后来被降为副队长，之后甚至欺负其他队友，扰乱营队纪律。而他父亲对这件事的反应是简单粗暴的，没有讲究艺术和方法。其实，家长对孩子的爱也要讲究策略。家长对孩子的爱有多种表现形式。例如"去家长化"的朋友般的交流；"去命令式"的平等商讨等。

（曾伟良：广州市团校青少年校外教育资深导师、主任）

爱之缺 情之殇

>> 周文芳

案 例

我第一次见到乐乐（化名），是在一天晚上的集会上。乐乐一个人坐在会场边上，他说他身体有些不舒服，在队伍当中坐得太闷，就和带队老师请假，坐到了边上。第一眼看过去，乐乐是一个很安静的孩子，长得挺清秀的，就是身体不太好。第二天，或者说第二天深夜，我才知道，乐乐的身体相当不好，或者说，是心理不太好。

半夜十二点多，突然有人敲门找随行的医务，我恰好住在医务室隔壁，便出去看了一下，发现是乐乐。乐乐一边咳嗽一边对医务说："医务姐姐，我老咳嗽睡不着，好难受……"接下来便是一番紧张的探热探喉等检查。忙活了一阵之后医务说确实没有什么其他并发症，也没有发热的现象，可能是咳嗽不止导致呼吸不顺畅，所以晚上睡不好。但基于乐乐是睡觉前才吃止咳药的，还不够四个小时，而且小朋友不适合服用安眠类药物，所以医务只能交代他多喝水，让他先回去睡觉。

爱极便是害

　　由于见过乐乐昨晚的表现，我自告奋勇送乐乐回房。回到房间，其他小朋友都已经睡熟了。乐乐指着床边的一小滩水渍对我说："老师，你看，我真的咳得很厉害，都吐了。"我观察了一阵，那既不是黄痰也不是白痰，看起来确实是水渍之类的。为了不让乐乐担心，便安慰他："不用太担心，可能是晚上喝太多水吐了出来，不是咳嗽严重的表现，别想太多。"乐乐点了点头，默默躺回了床上。

　　我没想到的是，隔了差不多半个多小时后，乐乐居然又来敲门了。这一次和刚刚的状况差不多，但是乐乐这次没有强调咳嗽，只是说自己睡不着。于是我陪乐乐回房间，安抚他睡下，轻拍乐乐的背，等确认他睡着了之后我才回自己的房间。

　　次日，乐乐又和医务谈论此事，医务有点无奈。因为乐乐来之前就在咳嗽，他的家长是有拿药过来的，医务也每日按时督促乐乐吃药，并且经常观察乐乐的情况，但乐乐却一直没有好起来。我在好奇之余，便去找了乐乐的直接辅导员，却被告知乐乐每次活动中都说自己身体不舒服，然后到一边看着其他小朋友玩，但也没有闹过其他情绪。

　　晚上集会，我特别去找了乐乐，试着深入地聊天。也许是觉得不那么陌生，乐乐没有表现出太多的抗拒，当晚交流很顺利。乐乐说了很多情况，乐乐家里前几个月在局部装修，装修完回去住的时候，发现不少灰尘，一家人便一起打扫了几天。照乐乐的话来说，就是那几天后，他就开始咳嗽了。之后我又问乐乐为什么每次活动到一半都跑出来，乐乐说，在参营之前，他刚让爸爸妈妈买了一只鹦鹉给自己，刚和鹦鹉玩熟了就来参加冬令营了，出来的时候他很担心鹦鹉会死掉，因为他知道虽然爸爸妈妈答应帮自己照顾鹦鹉，但是爸爸妈妈工作忙，不一定在家，在家也不一定记得喂鹦鹉。每次想到这里，他都很担心，也不能开心地玩下去。

　　那天晚上的集会时间，我都在听乐乐说话，乐乐的语气和表情，让人觉得他是个可怜的孩子，或者说是个缺爱的孩子。

分　析

　　高压的工作、繁忙的生活、快节奏的都市，一切的一切就都仿佛在宣布着现代社会的主流，那就是高效。高效工作，高效生活，付出快，自然就要求收获快。但是，在这种看似现代的背后，一些该有的东西渐渐遗失，比如爱……

　　很多事情可以快，但是很多东西快不起来，或者说不能快，不然必有所失。古语云：事勿忙，忙多错。在这里也可以改为：教勿快，快必失。

种树要在合适的季节，教育孩子也要在适当的时间。有些缺失，过了就不能补偿；有些缺位，走了就不能回来。培育孩子的路，永远不嫌长。在成长这条路上，或许只能一步一步踏实前进。缺失的爱，可能就会成为孩子成长的伤痛。或者，就会导致孩子性格上致命的缺陷，对孩子的一生造成无法挽回的影响。

结 果

这个案例，最后并没有结果。首先是因为我并非乐乐的直接辅导员，在得知乐乐情况后只能告知他的辅导员。那天晚上我也对乐乐说了一些话，可惜第二天见到的依旧是徘徊在队伍之外落寞的乐乐，或许，他还不太懂。最后，也是最重要的一点，是据乐乐的辅导员所说，乐乐的家长在听到乐乐在家可能需要多点关爱的反馈后，并没有做出什么明确的反应或承诺。

得知这个消息时，大家是沉默的。因为大家都知道，乐乐这个情况，说严重不严重，但是要解决也不是一天两天的事。回去之后的路，还很长。

专家点评

孩子的成长需要陪伴，需要他人的携手同行。即使给予丰裕的物质，也代替不了父母亲人与孩子的相处时间。孩子一些身体上的症状反应，或者是假症状反应，都与他们情感上的某些缺失有关。因此，如本案例结果所陈述，乐乐"是个可怜的孩子""是个缺爱的孩子"，是有道理的。他对感情的期望和依恋不能（或不懂得）表达，表现得既安静顺从又落落寡欢，比起情感挫折中反应强烈的孩子更容易被忽略，所受的伤害也就可能更大更深。忙于生计或事业的家长不应忘记把更多的时间留给孩子。

（熊少严：广州市教育科学研究所原研究员、编审）

爱而不溺

>> 施晓莎

爱极便是害

案 例

每期夏令营开始前,我们都会在团校集中并进行开营仪式,再前去目的地。那时,我就发现小包(化名),一个长得很可爱、眼睛大大、脸圆圆的小男生不好"伺候"了。

"来,小朋友们把自己的行李箱拿好,跟着老师过来排队,把行李放下有序上车。"其他小朋友都听从老师的话,虽然对家长依依不舍,但还是乖乖上车坐好,唯独小包堵在通道那里不肯走。"我不去,除非你给我一百万,我要买所有我看上的玩具!"小包边哭边怒吼着对他妈妈说。妈妈很心疼地安慰他说:"你先听话上车,回来时,妈妈给你一百万好不好?"家长在一旁安慰了很久,最后他才稳定情绪,跟着团队出发。

到达常平基地后,先吃午饭,午饭后老师们就会清点人数与分配房间。当大家围成一个圆圈,都在愉快地进行自我介绍和推选队长时,我注意到小包坐在圈外,一直在生闷气,看起来很不开心。在取得带队老师同意后,我把小包带到大堂门口安静的地方,蹲下来问他:"怎么啦?来夏令营不开心吗?不参与活动可

不好哦。"他绷着脸不理我。我又说:"既然已经来到夏令营了,我们就开心点,好不好?"他很愤怒地说:"我不想来夏令营,是他们逼我来的,为什么他们不让我在家呢?我恨他们!"我说:"因为爸妈要上班挣钱啊,他们没时间陪你啊。"他说:"才不是呢,他们都不用上班的,他们就是不想让我在家里。"我说:"我们要体谅爸妈,不能恨他们,好不好?"谁知小包更是激动,他对着我怒吼:"我就是要恨他们,我讨厌他们,我要回家,现在就要回家,立刻!马上!不然你就要给我一百万!一百万!"

那天晚上,小包收拾行李,拖着行李箱哭着喊着要回家,他的带队老师黄老师无论和他怎么说,他都是一直重复那几句话:"要么给我一百万,要么把我送回家。"于是黄老师只好打通家长的电话,反映孩子的情况。家长表示理解孩子的情况,然后让老师把电话给孩子听。黄老师听到妈妈安慰他说:"好,你先乖乖在那里,等你回家,妈妈给你一百万,好不好?七天后妈妈会去看你的,你坚持一下好不好?"小包说:"你一定要给我一百万!探营的时候要把我的手机、iPad,还有那个我很喜欢的玩具都带来。"妈妈回应说:"好!你要的我都会带给你。那你现在不要再吵着要回家啦。"他这才擦干眼泪。

小包除了每天闹着要回家外,在团队游戏时,还表现得很霸道,不喜欢和其他人一起合作。吃饭时,也不喜欢分享食物,专挑自己喜欢的菜,拼命夹很多,但最后又吃不完。

分 析

爱孩子是父母的天性,孩子的成长当然离不开父母的爱护。然而在家庭教育中,如果对孩子爱过了头,千依百顺,毫无原则地满足其各种要求,久而久之,孩子养成了衣来伸手、饭来张口的作风,成了家中的"小皇帝""小公主",横行霸道、肆无忌惮后,家长想再教育孩子往正确的方向发展,恐怕会颇为困难。

法国著名教育家卢梭说过:"你知道采用什么方法,一定能让你的孩子成为不幸的人吗?就是对他千依百顺。" 对一个孩子千依百顺的教育方式很容易造成子女身心发育迟缓,对父母依赖性强,忍耐能力差,做事缺乏独立性和控制能力,会过分地以自我为中心,从而产生各种行为问题。所以,爱他,就不要溺爱,爱也要讲智慧。对于小包这个案例,我们采取了以下辅导措施:

(1)冷静处理,有效沟通。小包每次闹情绪,老师的做法是先让他自己一个人冷静下来,然后再尝试着和他沟通,跟他讲道理,而不是随着他的性子来。至

于浪费食物的情况，老师发现后教育了他，并且对他说，"吃多少夹多少，粮食来之不易。"

（2）授之以渔。过分注意孩子、轻易满足孩子、有求必应、包办代替，这些真的好吗？很多时候，父母会担心孩子做不好，所以代替孩子做很多事。但是，家长们，你们是否想过，孩子以后怎么办？你可以养他长大，但是能养他终老吗？我想，真正应该做到的，是教会孩子照顾自己。

（3）双管齐下。不仅在夏令营训练小包，也让小包的父母配合进行家庭教育。对于小包妈妈教育小包的方法，老师也私下跟家长进行了沟通，给了家长一些教育孩子的建议。家长也表示接受老师的建议，以后会换方式管教孩子，不会一味顺着他。

结 果

小包由开始一天闹三次情绪到后面只是偶尔会闹回家，在团队里也能跟其他小伙伴和谐相处了，我还看见他和小伙伴玩"一二三，木头人"的游戏，玩得很开心。吃饭时，黄老师说他很少浪费食物了，都是夹一点吃完然后再去夹。本来以为小包会坚持不下去，很快就会回家的，没想到他在夏令营待了十四天，进步非常大。

专家点评

孩子形成一些恶习，导致矛盾激化到不可调和的程度，责任主要还在成年人。千依百顺、毫无原则的迁就，结果只能印证一句话：爱极就是害。有些底线也应让孩子知道，如"一百万"就是不能答应的。如果只是为孩子一时听话先哄着，等于告诉孩子父母为一定的目的可以随便说瞎话，这就更不应该了。孩子的可塑性很强，夏令营老师的辅导已见成效，需要家庭有原则的、理性的教育跟进。父母要改变原来的溺爱做法，并且持之以恒，才是真正对孩子的未来负责。

（熊少严：广州市教育科学研究所原研究员、编审）

爱我你就抱抱我

>>> 施晓莎

案 例

近几年有好多真人秀的节目,比如《爸爸去哪儿》和《超人回来了》等。每次看这些节目时,我总是感慨万千,因为我能从中体会到亲情的力量。

《爸爸去哪儿3》里的胡军和康康,第一集播出的时候,我怀疑这两人真是父子吗?康康连一分一秒都不愿意和他爸爸待在一起,胡军也经常在儿子面前表现出尴尬,连胜利破门、欢呼雀跃时,想和儿子击掌的手伸到一半都缩回来。父子俩待在房里时,鸦雀无声。可能作为艺人,他很忙,很少有时间陪在孩子身边,孩子的成长,他几乎都没机会参与。所以参加真人秀节目出现尴尬也就在所难免。

但《超人回来了》里的三胞胎爸爸宋一国,同样作为艺人,同样没有太多的时间陪伴在孩子身边,但他和孩子们在一起表现出来的却是浓浓的父子亲情。宋一国每天早晨醒来都会给三胞胎一个亲吻、拥抱,问候他们睡得好不好;三胞胎

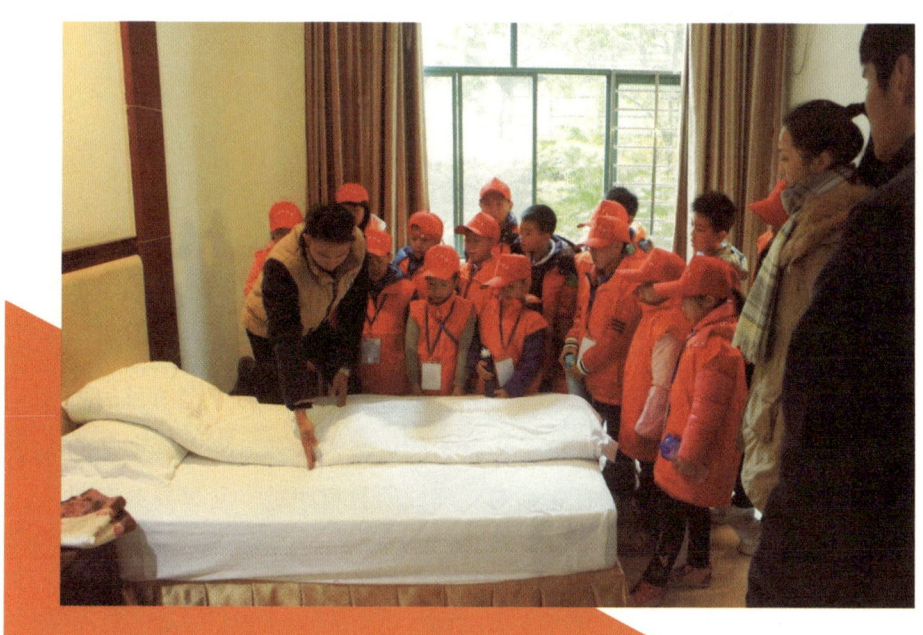

爱极便是害

每次吵架闹脾气，宋一国会先让他们面壁思过，然后进行耐心教育，教育完之后，会给他们一个拥抱，告诉他们爸爸其实还是爱你们的；他们每次出去玩耍，都可以看见宋一国会轮流亲吻和拥抱自己的小孩，然后拍照留念；三胞胎每次动手尝试新的东西，宋爸爸都会鼓励他们，赞美他们做得好，给他们肯定的拥抱，而不是嫌弃他们笨手笨脚的……可见，三胞胎在这样亲情氛围浓郁的家庭里成长，是多么的幸福啊！

分　析

很多家长都表示自己很爱自己的子女，如果不爱，怎会舍得花费自己的青春、精力、钱财去抚养他们长大成人呢？但是，怎么表现出爱，就很考验家长的智慧。

也许，大部分家长会购买小孩喜欢的礼物作为奖励；也有的家长会直接给钱；也有的会带孩子去旅游……估计很少有家长会通过给孩子一个拥抱来鼓励他们，表达自己对他们的爱吧！孩子，其实是心灵很脆弱的群体，同时也是很容易满足的群体。如果家长愿意多分享点爱给他们，多陪伴他们，与他们有更多身体上的接触，如拥抱、亲吻，那么，相信亲子关系肯定有很大的改善，亲情的浓度也会迅速飙升！

简简单单的一抱，殊不知是多少孩子的奢求。中国人的性格普遍比较内敛，就算父母很爱自己的孩子，也很少会给予孩子一个拥抱。我是个90后，我的爸妈只在我小时候抱过我，而我打从心底渴望自己能真正地拥抱他们一次。但是，由于成长环境的影响，我也羞于表达自己对父母的爱。我真切地希望，大多数父母不要吝啬自己的拥抱，给孩子充分的爱，让他们开心、健康、幸福地成长！因为一个从小就生活在爱的氛围里的孩子，不仅自信心会提高，待人也会更友善，在同辈的圈子里也会更受欢迎。因为感受到爱，所以更懂得爱！我们建议：

（1）改变。改变单一依靠物质满足孩子需要的做法。

（2）陪伴。百忙中抽点时间跟孩子在一起。

（3）拥抱。无论孩子对与错，你对他是表扬或批评，最后一个动作应是拥抱。

专家点评

　　男女两性的性别角色，可以从不同的角度滋养孩子，对孩子的成长具有重要价值。其中，父亲参与教养的时间投入对孩子行为的发展具有独特的和长期的效应。案例介绍的两个真人秀节目，让我们看到了父亲参与对孩子成长的影响。受文化传统等因素影响，家庭教育中父亲的缺失和错位成为一种普遍存在的情况，导致孩子教育中的不均衡也日益凸显。建议父亲们今后增强参与意识，多花时间陪伴孩子，关注孩子的成长，以弥补家庭教育的缺位。

（蒋亚辉：广州市教育研究院德育与心理教育研究室主任）

施爱有"度"

>>> 杨佐强

爱极便是害

案 例

在"五识伴我成长"人格魅力塑造特训营里,小男孩悠悠(化名)引起我的注意,因为刚认识他时他就和我炫耀他家里多么有钱。

"哇,这堆衣服是谁的,都发臭了,怎么还没洗。"我一进到房间就闻到一股味道,并捂着鼻子向房间里喊了一声。

"老师,是我的。我不会洗衣服,在家里都是妈妈或者保姆给我弄好这些事情的。"悠悠坐在椅子上看着电视,头也不回地说。

"那你在家会帮做什么家务呢?"我问。

"我不做家务的。"悠悠淡淡地回应。

从我们的对话中不难看出,他生活中有许多事情都被父母"包办"了,他的依赖性也随着时间的推移而越来越强。

分 析

"衣服脏了,没事,妈给你洗。""宝贝你去写作业,行李我帮你收拾。""妈,我想喝牛奶,你去帮我买。"这些对话,你们陌生吗?在当今社会,父母给予孩子的都是最好的,并生怕孩子受到伤害,孩子是家里的宝,是父母心头的肉。但是,过多的帮助很可能会让孩子缺乏独立生活的能力,这是父母造成的孩子在成长中的噩梦。所以,爱孩子还请把握好这个"度"。

越来越多的家庭已步入小康,生活条件越来越好,照顾孩子也更"全面":收拾衣服、叠被子、帮穿衣、喂吃饭、长大了还要抱着等,这些过分的溺爱使孩子更加依赖父母。殊不知,代替的事情越多,孩子的独立意识就越不足,从而依赖性就越强,对孩子的未来成长也会造成极为不利的影响。这样的爱只会给孩子成长酿造悲剧,无疑是"爱"转变成"害"。家长须施爱有"度",才有利于孩子健康成长。对这一案例,我们采取了以下辅导:

(1)深入挖掘。"你学习成绩是不是很棒的呀?""这里的同学都是自己动手,自己管理生活,你想成为一名'另类'的孩子吗?""有想过以后长大离开家里,要自己承担一切吗?"……与孩子们深入交谈之后,才能更好地挖掘到他

们的关键问题所在。

（2）个案辅导，促膝长谈。以友好的方式交谈，拉近距离，取得悠悠的信任，为后面的引导做铺垫。那晚我和悠悠单独聊了一个小时，我们聊到了未来，聊到了他成年后要离开家独立生活；父母老了再也不能帮他处理生活上的事了；聊到没有艰苦的锻炼，不能解决困难问题，最终会成为了一位让人笑话的人。而如果他现在不做出改变，这些将会变成事实。

结　果

虽然都是我在讲，但我知道，都说到他心里去了。他害怕，因为知道了问题的严重性。他哭着和我发誓要成为一名有用的人。我很欣慰，虽然我不知道这一个小时他能记住多少，但在这七天里，我看到的无疑是他的不断努力。

专家点评

父母的爱，滋养孩子的心灵，是孩子健康成长的保障。但是，爱孩子，要有科学方法。这一案例中，小男孩生活自理能力较差，源于家庭生活中父母替代过多，没有机会让他做自己力所能及的家务劳动。这种父母包办孩子一切的溺爱，实质上是父母在替代孩子完成了成长中必不可少的生活体验，但这对孩子一点好处也没有。它扭曲孩子的认知，使孩子的独立性难以发挥，生活能力难以提升。所以，父母的爱，应该充满智慧和艺术，要能滋养孩子的心灵，发展孩子的能力。

（蒋亚辉：广州市教育研究院德育与心理教育研究室主任）

父母的责任不可推卸

>> 陈建业

案 例

女孩晴晴（化名），九岁，就读于某校三年级。参加广州市团校举办的"得意少年不爱红妆爱武装"军训营。入营不久就暴露出很多问题。

军训营的第二个早晨，依照惯例全营进行晨练。七点钟集合，年龄较小的孩子总是拖拉，在集队等候过程当中，晴晴跟队友军军（化名）争吵了起来。

晴晴认为，军军不该站在女生前面，因为昨天教官在整队时要求女生站在前面。而军军却认为，今天第一个到操场集中的，应该站第一位。于是，晴晴跟军军相互推搡了起来。

军训营的第三天。当充实且有意义的活动结束后，大家共进午餐。军训营规定饭前要洗手背诗，入座后装汤喝完才能有序装饭夹菜。但晴晴在汤还没装好时，就用手抓鸡翅、叉烧等放入碗内。此举引起同桌队友的不满，他们向老师投诉："晴晴好恶心，好讨厌啊！汤还没装好，她就用手抓菜，我们都不敢吃了，我们不想跟她坐在同一桌吃饭。"教官将晴晴带到院里，问她："在家就这样？"晴晴点点头说："跟爷爷奶奶吃饭都是这样。"

军训营的第四天。进行团队竞技项目——沙场对抗赛。终于轮到了这个小朋友们一直期待的游戏,在说清楚项目规则、注意事项后,老师开始分配工作,让团队每一位同学都参与到游戏当中。有的孩子负责搭建阵地,有的孩子负责将气球装水,有的孩子负责活动战略策划,只有晴晴不听从队长指挥,只做自己喜欢做的事情——装水。

为期七天的军训营,前四天晴晴就暴露出这么多问题,后三天怎么过?这迫使教官做出分析与跟进。首先,从与晴晴同住的另外一名小女生雯雯(化名)入手了解情况,因雯雯性格比较文静,我们担心她在宿舍会被欺负。据雯雯反映,晴晴在宿舍内非常照顾她,有零食也愿意与她分享。看来,晴晴不像想象中那么刁蛮、那么糟糕、那么任性。我们与晴晴交流,希望了解多点实际情况,避免被表面现象误导了。在交流中,晴晴慢慢地认识到被孤立的滋味,她明白了其他小朋友都不跟她一起玩的原因:太唯我独尊。这招在爷爷奶奶面前行得通,在别人面前行不通。

分 析

经过了解,我们得知晴晴主要是由爷爷奶奶带大的,在家爷爷奶奶都很疼她,也养成了她骄纵的性格。当下,许多年轻的爸妈没时间陪伴教育小孩,若请家教、保姆又不放心,只好托付年迈的爷爷奶奶代理管教小孩。前一辈凭传统经验管教当下的小朋友,有利也有弊。利的是安全,弊的是迁就。小朋友正处于习惯养成阶段,过分迁就不利于良好习惯养成。故父母无论如何都应该多陪伴关爱孩子。小朋友天生有着单纯善良的品质,只是因为生活环境、教育程度、教育者等因素不同而有所不同。隔代养育,存在爷爷奶奶格外溺爱和过分迁就的问题,同时也有着缺少爸妈贴身关爱的无奈,这些对孩子的成长有不利的影响。

为了彻底解决晴晴"唯我独尊"的不良习惯,我们采取了如下措施:

(1)给予晴晴更多的关爱,让她感觉到温暖。同时对她的一些不正确的做法给予指正。告诫她这些不良行为会影响到别人。

(2)跟她分析不良行为带来的后果。例如:不听队长的指示,一意孤行地按照自己喜欢的去做,队伍就会发生分歧,团结不到一块,这样的队伍如何在沙场对抗赛中获取胜利呢?假设你是队长,安排其他同学完成任务,他却不听你的,你会开心吗?

（3）关于个人卫生以及生活习惯问题。来到军训营里，人人平等，教官不会对个别同学特别照顾。假设吃饭前没洗手，手脏的话，抓食物吃十分不卫生，而且容易肚子疼。而且，食物就这么多，抢完自己喜欢吃的，别的小伙伴会没得吃，会饿肚子。相反，别的同学抢着吃，你也会难受。

结 果

教官的及时介入，使晴晴发生了变化：吃饭的时候她主动装汤到其他小朋友碗中，并积极配合老师；吃饭前跟大家一起背完古诗才开始夹菜，并做到转盘转到面前才夹菜，学会了餐桌礼仪；在游戏项目当中她与大家团结协作，努力完成了队长以及老师布置的任务；小伙伴遇到困难时，她也能主动帮忙。最后在短短几天时间内，她赢得了全队同学对她的认可和喜爱。

专家点评

此案例揭示隔代养育的利弊关系，告诫年轻的父母要履行养儿育女的责任。父母应做好自己应尽的义务，尽量创造条件多陪伴孩子，还老人一个清闲的晚年。

（曾伟良：广州市团校青少年校外教育资深导师、主任）

别以爱的名义绑架孩子

>> 余旨恒

案 例

家长们，以爱之名，你对孩子行使了多少次霸道命令？以爱之名，你抹杀了孩子多少想法？以爱之名，你给孩子施加了多少心理压力？

晚饭时间，小有（化名）爸爸："你的头发怎么回事，怎么那么短？"

小有："我去剪，就那么短啦。"小有爸爸："跟劳改犯一样，好的不学坏的学。"小有："……"（小有非常怕爸爸，从小到大不敢顶嘴，完全听爸爸的话。）

小有爸爸："每次说你，你就不说话，一点都不听，前两天又跟某某去玩了吧，说了多少次，别跟这些人玩，他们学的是音乐，你跟着凑什么热闹，不认真学习。"

小有："我就是剪了个头发你就说那么多，从小到大，你说什么我都听你的，你让我做什么我都听你的，之前同意我学音乐的是你，后来反对的也是你，我都听你的，你还想怎么样？"小有爸爸："别自以为是。"

小有:"你才自以为是,我从来没有跟你顶过嘴,因为我尊重你,但是你有没有尊重过我,你有没有了解过我,我喜欢什么不喜欢什么,我擅长什么你又知道吗?我没有做错过什么事,我只想做自己喜欢做的事。但是我一直没有机会那样做,包括同学生日聚会,我多少年没去了!我根本就没去过,每次想出去你就说晚了,不安全,别去啦。我敢反驳吗?有反驳过吗?你爱我,但是你根本不懂得怎么爱我,只懂得控制我!"

小有饭都没有吃就出去了,那是他第一次这样,以往他都是非常乖巧,非常顺从父母的。

分 析

成长的道路上,有许多必经之途,只有经历过才能茁壮成长。某些情况下,路途上的障碍、坎坷易过,但父母的爱躲不过。天下父母总想把所有的爱都倾注在孩子身上,许多父母爱得太急、太深、太霸道。殊不知,有些爱能把孩子逼得"窒息"。每个人都有他自己的路要走,别让孩子完成你当初未能完成的心愿。别把孩子当成傀儡,他们有自己的思想和梦想,请给予孩子多一些信任与支持,让他们在自己的天空自由飞翔。

这个案例的主角就是我本人。拿出来当案例,是希望有类似情况的父母好好反思。

我的父亲有点封建专制,他认为读书是唯一的希望,但他所指的读书,就是文科、理科,而不是音乐、画画这些特长。他认为中国十三亿人,只出了一个姚明;唱歌的街上也很多,很难出头。他为我铺了该走的路,认为那就是爱我,认为我不那样走就是不爱他。

我从小处在父亲严厉的家教下,非常顺从听话,其实也只是表面听话。因为家人的控制,家人的不放手、不信任,导致我遇到新奇的事物时非常地感兴趣却又不敢触及。其实我很多时候也非常叛逆,只是没在家人面前表现出来。

成年前,有一段时间我很怨恨我的父亲,为什么在我小时候不放手,不给我去尝试我想尝试的。经过争吵,慢慢地我选择了理解,选择了原谅。因为毕竟他是给予我生命并且养育我的人,我爱他。对于类似情况的父母,我的建议是:

(1)了解孩子。世界上没有两片相同的叶子,也没有相同的两个人。每个人都有他的天赋和兴趣,这两样东西决定着孩子适合做什么,爱做什么。要去尊重

他们，了解他们，保护他们。别想着鱼能像鸟一样能翱翔于蓝天

（2）让孩子多去尝试。只要不是触犯法律的事，孩子想做就去做吧，相信他！相信他有自己的判断能力，他绝对不会第二次把沙子放进嘴巴。

结　果

经过那次争吵、那次爆发，我和父亲的关系在慢慢改善，直到现在，他更像我的哥哥。他不再安排我一定要去做这样那样的事情，不再绑架我的人生；我也知道了要表达，并不是逆来顺受就可以让事情变得更好。现在，父亲会对我的想法或选择表示理解和支持，而我，遇到事情会主动和父亲沟通，不再在他的爱与我的选择中纠结徘徊。

专家点评

父子关系在慢慢改善，这可喜的变化当然值得高兴。但需清醒的是——这是浅层的改善。

从深层分析，这对父子的关系仍未解决最核心的问题。父子之间的教育核心问题未解决，随着父母教育观念的僵化和孩子的长大，必然会导致父子之间矛盾的进一步升级和激化。作为父亲必须在教育观念和教育方法上有根本性的改进，如：

将孩子培养成长，作为父母应如何引领；帮助孩子树立正确的交友观、审美观；父母必须改正对孩子以管代替教育的旧观念；对成长期孩子的教育问题，作为父母务必以导师的身份思考和引领，同时又要以朋友的方式与孩子进行沟通。

只有父母在以上四个方面有进步，才能积极地、根本性地解决家庭教育和父子关系，孩子才能进入健康的成长轨道。

（张仲庆：广东青年职业学院客座教授，广州市家庭教育专业委员会副理事长）

爱极便是害

学会给予爱更重要

>>> 李奕顺

案 例

七岁的男孩小魏（化名），全营年龄最小，长得胖胖的，嘴唇厚厚的，看上去很老实。

开营的第一天中午，全组人员坐在一个桌上吃午饭时，小魏为了争抢一盘他喜欢吃的菜，不顾其他人，把那盘菜放在自己面前。这引起同桌其他小朋友的不满。见状，带队辅导员便对他说："要懂得礼让，不能自己爱吃就抢，不让其他小朋友吃……"话尚未说完，小魏就大声地说："你是谁呀，我喜欢吃……"还说了一句粗话。听到这样的粗言秽语，辅导老师把他带到另一处，对其进行严厉批评和教育。

下午六点，队员们坐在一桌吃晚饭时，小魏还是老样子，带队辅导员便喊了一声他的名字，他立刻收敛，但露出委屈的样子。

第二天的早晨，老师检查内务和询问小魏舍友时，都没发现小魏有异常的行为。但在早上十点左右，小魏母亲便打电话来说："孩子早上给我电话，还哭了。一是因为想家；二是同宿舍的两个孩子很吵，影响他休息。"辅导员听完了家长的反映之后表示："希望您可以给点时间，让我们深入了解情况后，再与您沟通。"挂了电话，辅导员随即找到和小魏同宿舍的两名孩子进行了解，结果却让人大跌眼镜。据两名孩子反映：小魏很自私，晚上限定的电视时间只看自己喜欢的节目，而且在大家休息的时候他还会看电视。辅导员找来小魏对质，小魏最后也承认了，不好意思地低下了头。

第三天的午间，辅导员主动与小魏母亲沟通并告知：情况不像小魏说的那样，事实上小魏也有不对的地方，我们还需要一些时间好好处理。

分 析

由于国家计生政策的影响，出现了许多典型的"421"家庭。孩子在家里被视为宠儿。在餐桌上，家人会把孩子喜欢吃的菜让其先吃；在社区里，孩子间发生冲突时，会不自觉地站在自己孩子这边帮其出气。久而久之，孩子会目中无人。日后，恐怕会吃亏。

当孩子在家庭里享受着所有人对他那种无私的爱,就会倍感幸福和觉得理所当然。但当孩子一旦离开家庭,失去家庭的迁就,就会倍感失落,甚至想家和哭闹,如案例中的小魏一样。其实每个孩子,本性都是善良的,可塑的。给孩子施爱的同时也要教孩子给予别人爱,这才有利于孩子的健康成长。我们针对小魏的情况,采取了以下教育措施:

(1)道歉入手。辅导员对之前过于严厉批评小魏的事做出道歉。借此感染小魏,引起其对自己所作所为的反思。同时保持与其父母的沟通交流,规劝其放手让辅导员进行贴心管教。

(2)晓之以理。与小魏说明老师的批评是对事而不对人,批评不是针对你一个人,其他人做错事,老师同样会批评他。

(3)适当引导。在老师的开导下,小魏逐渐打开了心扉,并告诉辅导员他的真实想法。在家里人人都迁就他,他也认为那些都是很正常的。辅导员便告诉他:要学会礼让,尊重他人,并引导他如何给予他人关爱。

结 果

小魏没有调房间,仍与那两个孩子住在一起。接下来的几天,小魏也玩得很开心。吃饭时,争抢自己喜欢吃的菜的现象没了,他还事事处处都表现得很礼让。有一次,另外一个孩子因为一些事情和辅导员推迟用餐,小魏还给迟来的他们留了好吃的菜。辅导员也再次与家长联系,并把事情的来龙去脉告诉了家长,得到了家长的理解与支持。家长听后也表示平时太过宠爱他,以后会注意。

专家点评

我们曾经对参加亲子活动的206位家长做过关于"给予孩子爱"的问卷调查。调查结果显示:83%的家长认为给予孩子的爱是无条件的;67%的家长认为在教孩子如何给予他人爱方面比较欠缺。结合本案例,家长要更新观念,不能只单方面溺爱孩子,还要教会他们如何爱别人。

(曾伟良:广州市团校青少年校外教育资深导师、主任)

勤妈与懒孩

■ 如今的父母真不容易，忙事业，忙充电，忙养育。勤快能干的妈妈常对孩子生活上的琐事包办代替，想让孩子多点时间休息、玩耍和学习。其实，这样的全替代却会养成懒散的儿女。从下面的案例中，我们看到，孩子生活上的独立直接影响其学习上的自律。

—— 曾伟良

青菜洗成"一盆绿水"

>>> 曾伟良

案 例

你的孩子洗过菜吗?你能想象出五斤青菜如何洗成一斤菜吗?看完这个案例,你会哭笑不得。

阿强(化名),十一岁,男孩,就读于某小学五年级。参加广州市团校举办的"暑期有约爽一夏"野战体验营。

在野战体验营期间我们进行了一次野炊,每组配一个炉子和相应食材。在辅导员指引下,由各组营员自己动手。

阿强分在第三组,他自告奋勇要洗菜,便将约五斤的蔬菜装在盆里洗。半小时过后,阿强把洗好的蔬菜摆在炉边,组员一看都吓呆了。队长阿力(化名)问阿强:"菜叶都没啦!丢了吗?"阿强红着脸说:"没丢一片菜,不过菜叶变成一盆绿水。"阿力追问:"怎么搞的?"阿强无奈地说:"我把菜当成衣服来洗,搓一搓、拧一拧,菜就榨成汁了。"在场的同学被阿强弄得哭笑不得。阿美开玩笑说:"我们都不爱吃菜,阿强提前帮我们解决问题,还怪他做什么。"

分 析

勤妈会养出懒孩。家长不让孩子介入家务,怕影响学习,怕帮倒忙,导致孩子独立生活能力极差。

人要有知识,更要有常识,否则会犯低级错误。阿强洗青菜,似乎吃力不讨好。但相信他会遇一事,长一智,也相信阿强对这件事会永生难忘。家长应引以为戒,对孩子的教育不仅要抓学习,还要抓能力,因为书呆子不适应未来发展。学校、社会和家庭都应该关注这个问题,我们的建议是:

(1)教学创新。学校在施教过程中要由单一"概念供给"向参与"实操体验"转型。在完成教学任务的前提下多点体验课,让学生在体验中理解概念。

(2)理智关爱。家长在关爱孩子的时候,要适当放手让孩子多做家务。

(3)搭建平台。研发更多适合孩子参加的校外教育活动。

勤妈与懒孩

结 果

野炊后辅导员与阿强进行了交流，才知道阿强是独生子，在家里父母都宠着他，平时除了上学他几乎都不用做家务，所以完全不知道该怎么做。把菜当成衣服来洗还是因为在体验营里学会了洗衣服，才依样画葫芦的。辅导员哭笑不得，只好简单给阿强讲解了一下家务该怎么做，阿强听得特别认真。

专家点评

能"把菜当成衣服来洗"，说明孩子还有过洗衣服的体验，至少也有过对手工洗衣的观察。案中的阿强是个性格很好的孩子，能承担劳动任务并按自己的理解去做。"洗成一盆绿水"只是说明他日常缺乏这方面劳动的锻炼，事后老师的家务讲解这一教育方式也令人欣慰。独生子女在家缺乏劳动锻炼是普遍现象，这实际上是剥夺了孩子体验生活和发展能力的锻炼。能干的母亲往往容易养出低能的孩子，勤妈往往轻易地就把本应让孩子承担的事务替代了。家庭教育不仅仅是协助学校把学业成绩提上去，更重要的是提升孩子的生活能力，生活能力是孩子成人立世的基础，学校里的"生活实践课""体验课"只是一种引领，主要责任在家庭。

（熊少严：广州市教育科学研究所原研究员、编审）

青少年校外教育丛书

少年成长在路上（家长读本）

父母不能替代一辈子

>> 蓝露璐

案 例

小丽（化名），十岁，与表姐一起报名参加夏令营。

她俩入营后，随营老师发现小丽不会整理自己的东西，对老师规定每晚要做的作业也难按时完成。甚至，把房卡都弄丢了。

和小丽住一个房间的是她表姐，据其表姐说：小丽妈妈很"勤快"，小丽在家的一切琐事都由妈妈包办。小丽不会自己整理房间内务，不会洗衣服。还经常丢三落四，今天不见了课本，明天不见了笔盒，每次小丽妈妈都会帮她收拾残局。在学校小丽也不能好好照顾自己，课本和自己的东西都是乱糟糟的。

看到这样的情况，随营老师主动与小丽父母联系，了解更多关于小丽的情况。出乎意料，小丽的妈妈在电话里说：只是希望老师多费心，多去监督她完成作业，其他的事由她表姐照顾就行。老师听罢无言。

随营老师决定抽空与小丽聊一聊，弄清情况，对症下药，给予帮助。老师问："这次来夏令营，行李是你自己收拾的吗？""妈妈怕我弄不好，帮我收拾的。"小丽自豪地说。老师接着问："妈妈能陪你一辈子吗？"这一问似乎刺激了小丽，那自豪的表情瞬间消失，她低声说："不知道。""小丽，老师告诉你：这是不可能的。你要尽快学会自己照顾自己，从现在开始。通过这次夏令营的锻炼让妈妈看见一个全新的你。"

分 析

小丽妈妈的勤快养成了小丽的懒惰，实际上对小丽的成长是不利的。但真正可怕的是，小丽妈妈和小丽自己都没有意识到问题所在。小丽妈妈认为小丽只要完成作业就好，而小丽则是没有人告诉她，除了学习，生活独立也很重要。勤快的妈妈更应该把自己勤劳的精神传递给孩子。

在教育孩子的过程中，许多家长表现出过分的关心。如无微不至的照顾，对孩子的去向以及活动刨根问底；或不适当的监视，不给孩子自主活动的空间，经常有不必要的担心和不安。生活在这种环境中的孩子无异于被剥夺了独立性，长此以往，孩子就会变得懦弱无能、丧失自信。

犹太思想家朱特比有一句名言，被犹太家长珍藏在爱子教科书中。他说：

"让孩子自己的事自己解决,如果父母过分呵护孩子,反而使孩子失去自信心。这样的孩子长大以后绝对没有独立的人格,更不可能有出色的成就。"马克思也曾说:"人要学会走路,也要学会摔跤,而且只有经过摔跤,他才能学会走路。"针对小丽的案例,我们采取了以下教育措施:

(1)教管结合。教是让她明白哪些事情是应该自己做的;管则是当发现她有些事情没有按规定收拾好时,及时提醒并纠正。

(2)奖罚结合。奖是发现她有小小进步就会发一面小红旗(评优积分)表扬;罚则是发现她某事屡犯不改时就收回小红旗。

(3)树立荣辱观。荣是以会打理自己的生活为荣;辱则是以懒惰、不会做内务为辱。

结 果

上述方法很有效,小丽在为期七天的夏令营中,进步很大。不但学会自己整理东西,其所住宿舍还被评为最佳宿舍,得到了小伙伴和辅导员的一致认可。

专家点评

案例中的小女孩因长期在家中受到过分的"保护",导致生活技能缺失,同时家长亦没有从日常生活中反思问题因由。因此,辅导员在营期内对其进行有针对性的个别辅导,特别是从孩子心理、行为等方面进行引导、鼓励。我们家长应该理性地认识到,现代文明教育下的孩子都具有非常强烈的独立意识,我们要给予他们相应的信任,放手让孩子们尝试独立,勇敢地面对挑战,并接纳他们做得不那么好的一面,鼓励孩子们不断自我改善。尊重和信任是现代课外教育的第一原则,它意味着要爱护青少年纯洁的心灵,支持他们的个体选择。要了解自己的孩子,只能用心换心,用信任赢得信任,更要保护孩子的自尊,培养自信,促进孩子主动发展,这样才能给青少年健康成长创造良好的家庭环境。

(邵振刚:国家社工师,广州市天河区青缘社会工作服务中心理事)

青少年校外教育丛书

勤能"补"拙

>> 施晓莎

案 例

（场景一）"好，开完会后，你们赶紧回去洗澡，洗衣服，写日记，打电话，记住，九点半就全部要熄灯睡觉，我会过去查房的。"我给他们交代好晚上要做的事情后，就让他们各自回房了。到查房时间时，我听到一间女生房里还有吵闹的声音，开门后我看到洗手间女生A还在洗衣服，同宿舍的女生B过来偷偷告诉我说："老师，A自己的衣服已经洗好了，是小叶（化名）让A帮她洗衣服，小叶说她不会洗，A又不好拒绝小叶，因为怕小叶不愿意跟她玩。"听了之后，我没说什么，先让她们都赶紧睡觉。第二天，我私下找了小叶。我问她："你自己不会洗衣服吗？为什么要叫A帮你洗呢？我们来夏令营的目的就是学会独立啊。"小叶不在乎地说："我在家的衣服都是妈妈帮我洗的，我不会洗衣服。而且，是A自己愿意帮我洗的，又不关我事。那我就不洗衣服了，反正我妈给我带了七天的衣服，我一天一套，脏衣服带回家给我妈洗好了。"

（场景二）吃自助餐时，每个人都要排队拿碟子装菜，我注意到小叶迟迟不去拿吃的东西，于是问她："你不饿吗？我们吃饭的时间是有限的哦，快点去拿自己喜欢吃的吧。"她一脸闷闷不乐地说："我懒得自己去拿吃的，还要排那么长的队，我不喜欢等那么久，等下我夹Ａ的吃就好了。"等Ａ回来后，她真的去夹Ａ的东西吃，Ａ说了句："哎呀，你自己去拿嘛，我的都是排了队才拿到的。"然后小叶才起身去排队拿东西吃。回来时，盘子拿歪了，番茄汁洒到衣服和手上，她就在那里闹，说不想吃饭了，要回去换衣服。于是我只好带她回房间。

（场景三）来夏令营的小朋友每天晚上都必须写日记，可以记录当天所做的事情、所收获到的知识。我让他们九点十五分之前必须写完，我会来收日记，然后批改。到收日记时，小叶没写，她说"我不知道写什么，没有我妈妈告诉我怎么写，我就写不来。"我问："那你平时在学校的作业都怎么办呢？全都要靠你妈妈帮你想才能写吗？那考试怎么办？考试是没有家长在旁边的啊？"她回答："我需要我妈妈在我旁边指导我怎么写啊，考试时，不会写时就不写咯。"

分 析

一个已经十岁的女生，不会自己洗衣服，懒得排队吃饭，笨拙到洒番茄汁到衣服上，不懂得如何写日记，完全没有自己的主见。我相信很多家长都不愿意自己的子女是这个样子的吧。对于洗衣服这件事，我不允许她不洗衣服，我手把手教她怎么洗，并对她说我会来检查的，洗不干净我可以帮她再冲洗一遍，但最关键的是她要学会自己洗。吃饭的这个问题，夏令营后面的几天，我都劝她要自己去拿，自己去排队，尽量拿稳拿平，不要洒菜。写日记这件事，我每天都给她讲无数遍应该怎么写，可以写些什么。

如果我有一个事事都能替我操办好，丝毫不需要我去考虑、担忧的母亲的话，我肯定很开心啊，我只需要安逸地享受好自己的生活，无论是生活、学业、人际交往什么的都不需要我去经营。但是，这样的生活方式，真的对我有利吗？父母永远不会老去吗？他们真的什么事情都可以替我们做主、操办吗？我们不需要学会自己长大吗？

家长，真的不要替孩子一手操办所有的事情，孩子到了一定年龄，就应该放手让他学会独立自主，以保证将来他（她）能够独立生活。

结　果

　　这短短的七天里，小叶是有所突破的，从一开始的"不会、不理、不愿意"，到愿意自己动手洗衣服了，不会懒到连饭都不想吃，还有她的日记虽然写得不好，但是也能够按时上交。

专家点评

　　能干的母亲往往养出低能的孩子。凡事包办实际上是对孩子独立能力的剥夺，导致孩子凡事都得依赖他人。自己的事自己做，参与家务，承担一定的责任，既是对孩子自立能力培养的需要，同时也是孩子健康人格发展的需要。因此，在家庭生活中，父母即使能力再强，即使再疼爱孩子，也要让自己保留几分"笨拙"，让孩子自己去应对问题；孩子即使缺乏经验，举措失当，也要尽量让孩子去独立面对一些事情，让他亲身体验，甚至经历失败。

（熊少严：广州市教育科学研究所原研究员、编审）

勤妈与懒孩

孩子应不应该上补习班

>>> 全 艳

案 例

有一次，我们辅导员开会回来已经夜深了，我如往常一样去看孩子们睡了没。我一个一个宿舍查看，发现有一个小女生，八岁，还在灯下写作业呢。我小心地走进去，把她叫出来问："这么晚了，其他同学都睡了，你怎么还没睡？"她说："我今天的作业任务还没有完成，还不能睡。"经询问，原来是她妈妈帮她报的暑假奥数班作业还没写完，这期夏令营结束，就得上课，提交作业。而且她自己的暑假作业也还没写完，离开学的日子已越来越近了，所以她想赶紧把作业完成。我看时间不早了，就跟她说："早点睡觉，这么晚写作业，对眼睛也不好。再说，每天晚上我们都有自习辅导时间，你那个时间抓紧时间写也可以，赶紧睡觉！"

后来，在夏令营期间，这个小女生一直在忙碌着做奥数测试题，每晚别人在写日记或者做暑假作业时，她都加紧完成日记或者暑假作业，然后就开始做自己的奥数题。偶尔与她闲聊几次，才得知她除了要完成学校布置的暑假作业，语文老师布置的写日记和作文以及生词抄写，还有奥数班要上，而且过几天还得参加一个演讲比赛，根本没有时间再来夏令营玩了，这次也是她好不容易说服了妈妈，妈妈才答应让她和同学们一起来夏令营玩和学习锻炼的。

分 析

小女孩的经历，让我不禁庆幸自己的童年是多么的美好，没有繁重的功课，没有写不完的作业，童年记忆里就只有一起快乐玩耍的伙伴。如今，我想有很多如她一般年纪的小孩，也正经历着这些吧，爸爸妈妈帮他们报了各种辅导班，补习班，艺术班，给他们买各种各样的书籍，让他们学钢琴，学舞蹈，等等。孩子的学习任务越来越重，孩子的自我空间越来越少。

孩子应不应该上补习班？有两种声音最为强烈。第一种是赞成，孩子应该上补习班，如果自己的小孩不上补习班，学习就会落后于其他上补习班的同学，就会被别的孩子比下去，就上不了重点小学、重点中学，等等；第二种是反对，孩子上补习班，扼杀童年该有的天性，他们会变成学习的机器，过早地成熟，没有

生机，没有活力，等等。

教育孩子需要一个度，凡事讲究适度，过犹不及。孩子应不应该上补习班，要看自己的孩子喜欢什么，如果在补习班这件事上，父母把握好了这个度，孩子的学习才会事半功倍，孩子才会越学越轻松，越学越快乐。而过度教学或者是放任教学，都是不可取的，因为两者的做法都会让孩子要么变得压抑要么变得懒散。而只有父母做好了从孩子自身出发，给孩子一个正确定位，选择适合孩子的补习班来报，那么孩子未来的学习和成长才会变得越来越美好。

结 果

我们后来和家长沟通过，但是家长比较坚持"让孩子赢在起跑线上"，还有就是兴趣班已经报了，只能让她尽快赶完相应的作业了。看着那个忙碌地赶作业的小身影，辅导员也只能希望她以后能更好。

专家点评

从前，请家教是因孩子某门课不合格；当下，补习是父母要孩子在学习上锦上添花。父母对待孩子无论是太过宠爱还是太过严厉，都是源于父母对孩子的爱。从孩子应不应该上补习班这件事的思量上来看，可怜天下父母心！要求太严，怕孩子压抑；要求过松，怕孩子任性。

过犹不及的道理，我们都明白，我想亲爱的父母，你们也都知道对孩子太宠爱或者太严厉都是不好的，然而往往你们做不好，因有感情的牵绊，所以束缚了你们不敢大胆地迈出一步，生怕一步走错，孩子的一生就毁在自己手里了。亲爱的父母，其实你们不必这样，相信自己是最了解孩子的人，没有人比自己更了解孩子。所以要知道什么是最适合孩子的。

（曾伟良：广州市团校青少年校外教育资深导师、主任）

勤妈与懒孩

快节奏生活的弊端

>>> 全 艳

案 例

2014年7月20日，广州市团校第二期"少年行为导向"特训营如期举行，有一个孩子，名叫小凡（化名），八岁，总是爱哭，一直无法融入团队。

刚开始，我以为八岁小孩刚刚离开家来到一个陌生的地方可能很不习惯，于是就特别关注他，想着等他熟悉这里的环境，慢慢交上新朋友的时候，他就会渐渐地喜欢这里，也不会那么想家、恋家了。然而，几天过去了，他的情况不但没有好转，反而更加恶化了。跟他说话，不搭理你；让其他小朋友跟他玩，不但不搭理，还态度很恶劣；鼓励他参与我们的团体活动，他也不愿参与。

有一天夜晚，我找他谈话说："小凡，这几天你都闷闷不乐，不开心，难道是不喜欢这里？同学们和老师们对你不好吗？"他频频摇头。"那是不喜欢这里的饭菜？在这里住得不习惯？"我又追问了一系列生活上的问题，他都连连说："不是。"我转念一想，既然在这没什么不习惯，难道是来这里之前跟爸妈发生了什么不愉快的事情？

看着他低着头，我笑着说："小凡，你知道吗？老师有一个习惯，老师一不开心，就喜欢跟人聊天，你愿意陪老师聊聊天吗？"我看他没有反对，就接着说："那小凡就跟我说说你家是哪里的？家里都有谁呢？"经过聊天，小凡渐渐对我敞开了心扉，原来他是从深圳过来的，这次来广州之前完全不知道是来参加夏令营，他一点都不喜欢，感觉是被妈妈骗过来的。

其实，在我们夏令营，也有很多像他一样的孩子，是被父母"骗"过来的。有的父母是为了让孩子学会独立，有的父母是为了培养孩子的吃苦精神。不同的家庭有不同的诉求，但是却有着同样的愿景，就是希望孩子快快长大，希望他们像大人一样能够独立自主，能够吃苦耐劳。

分 析

"物竞天择，适者生存。"如今的社会谁不拿它作为自己职场上的座右铭？确实，这句话在当下这般快节奏和竞争激烈的时代是特别适用的。不甘做平庸之人，也不愿自己的孩子做平庸之人是可以理解的。为了让自己的孩子走在同龄人的前列，父母不仅要求自己在工作上拼命努力，而且还苛求自己的孩子也要像

他们一样。他们给孩子报各种各样的补习班，还请课外辅导老师给孩子"加班加点"。

时代造就人。当所有人如此，我们也就忽略了对与错、好与坏。可是作为孩子的父母，我们需要思考这个问题："物竞天择，适者生存，在现如今的教育问题上，也是适用的吗？"孩子现在就需要学会如何在这个竞争社会生存下来吗？在还没有到学走路的年龄，我们就要他跑步了吗？当然不，因为我们知道有很多年少有为的天才少年，他们智商高，然而生活却不能自理，精神恍惚，甚至自我封闭。可见，这种"快"教育方式是存在弊端的。他们是造就了"天才"，然而也教出了更多的儿童"病人"。希望孩子快点长大懂事是为父为母的美好愿望，可快快长大，不是揠苗助长。

我想说：别太急，凡事讲究一个"度"字。什么样的年龄，做什么事。一个八岁孩子虽说不能独立，但是我们可以慢慢教，而不是突然地就把他放到一个陌生的环境，什么招呼也不打，就让他自生自灭了。父母想让孩子学会独立的心情，我能理解，但这不是一朝一夕就能学会的。面对这种情况，我们只能放慢脚步，一步一步慢慢来。

小凡的妈妈为了让他学会独立，竟然欺骗他。小凡知道被骗后，心生不快，导致更多的不适应，不知道怎么跟同学相处，不知道怎么在陌生环境下生活，反而什么事情也不干，什么活动也不参加。作为一个八岁的孩子，他的心智是还没有完全成熟的，第一次独自一人面对这种情况，要他一下子适应确实比较难。针对这种情况，我们应该学着去引导孩子成长，同时要根据他此时所处的年龄阶段给予他适当的挑战和压力。

于是，我联系了这个男孩的妈妈，并告诉她孩子在夏令营的表现，希望她能好好配合我们老师的工作，多多跟孩子沟通当初为什么要这样做，让孩子理解，同时请求孩子的原谅：因为自己太急，太想让他学会一些东西，而忽略了他还只是一名八岁小孩子的事实；因为太想让他学得更多，太想让他紧追时代的脚步，不被同龄的孩子比下去，所以过早地为他计划一切，却忽略了他的感受和承受力。

结 果

妈妈的爱终究是伟大的，为了孩子，什么都愿意试，也什么都愿意改。她明白了自己的"快"教育方式的误区，于是后期经常打电话给小凡，引导小凡在生活上慢慢学着照顾自己，教他如何和其他小朋友相处，并告诉小凡："以后妈妈决不骗你，做什么都告诉你，妈妈也会好好学习，不逼你做你不喜欢的事，也不让你承受你本不应该承受的压力，是妈妈太心急了，妈妈还是希望你有一个愉快健康的童年的。"渐渐地，小凡在夏令营后期的几天变得开朗了起来。

专家点评

适应环境变化的能力对孩子无疑是重要的，让孩子走出家门校门也是成长的必经阶段。但是，对孩子的成长除了不能急于求成外，更不应用哄和骗的方式。夏令营一类的团体活动原本是孩子们盛大的节日，但却被一些家长不经意地扭曲成惩罚性的地方，如"不听话就送你去幼儿园""懒惰就把你关进夏令营"，有些父母忙不过来也把孩子打发到夏令营这些活动中去。这样，孩子自然对这些活动就会有情绪上的抵触。家长不知道正是自己的不当理念倒了孩子对活动的胃口，从而阻碍了孩子适应社会的常态进程。如果从正面与孩子交流，从正面去描述活动和可能遇到的挑战，鼓励孩子去经历，孩子的适应状况会大不一样。

（熊少严：广州市教育科学研究所原研究员、编审）

请对孩子诚实一点

>> 全 艳

案 例

2014年暑假,"行为导向训练营"与以往的夏令营不同,这次来到一个比较军事化的基地,所以管理上也偏军事化一点,严格而有纪律。

孩子们一来到这里,吃饭睡觉都是按照军人的作息时间。每天早上还要早练,跟以往在家里优越的生活环境相比,这里辛苦而严格的训练引起了孩子们的不满和抱怨。其中一名孩子的反应甚是强烈,他叫小正(化名),九岁,哭着闹着要回家,谁也安抚不了。我与同行的辅导员于是采取迂回战术,跟他说:"现在天色已晚,回家是不可能的,如果你真想回去,老师会帮你联系你的爸妈,但是回家最早也是明天的事,所以今晚你还是要在这里好好待上一晚,才能等到你的爸妈过来接你呀!"等他情绪渐渐稳定了。我们把他安置到住处,又试探着说:"真的要回家吗?好不容易来一趟,不想跟同学们玩玩吗?"他两眼泛着泪花,显得很委屈。后经了解,原来他来之前,他妈妈跟他说:"这里有很多同龄小朋友可以跟他玩游戏,这里吃的玩的都很好,你就在这好好玩。"可是一来到这里,军事化严格而有纪律的管理,让他觉得比在学校还辛苦,根本不是来玩的,简直就是魔鬼训练嘛,妈妈根本就是骗人的,这里哪有那么好。

分 析

　　期望越高，失望越大。如果我们给予孩子太大期望，那么他们相应的失落感也会越强。对待孩子，我们需要诚实一点，这样孩子才不会有患得患失之感，这样才能让孩子更真实地感受周围的一切，成长得更加真实和精彩。

　　"妈妈根本就是骗人的，这里哪有那么好。"环境的反差，一个人会很容易慢慢适应，但是思想上的偏差却是很难修正的。妈妈的话给予了小男孩很大的期望，然而期望越大，失望也越大，那么孩子很容易形成逆反心理。如果每次行动之前，你都给予孩子很大的期望，可结果却不如人意，孩子失落是必然的。久而久之，会产生怀疑心理，觉得妈妈的话不可信，不听话的孩子也就由此产生了。

　　失信于人，是可怕的。一个人一旦失去信誉，那么做什么事，我想都是很难成功的。一个妈妈，如果在自己的孩子面前失信，那么你的教育也要大打折扣了，因为你的孩子已经不再信任你了。面对孩子，我们需要诚实，不多添一分，也不减一毫。要把事情的原原本本、前前后后都跟孩子提个醒，对于在做这件事之前可能发生的事情或者无法预知的事情，都要把你能想到的各种情况和孩子多说一说，让他们有个思想准备，这样孩子才不会像惊弓之鸟一样，毫无准备。

　　孩子来了，可是得到的却是失望，那么他们带着这样的心情还能在这好好学习锻炼吗？那么你们想要孩子们在这磨练的初衷还能实现吗？小正的别扭，更多的是在于环境与期望偏差太大引起的，他的问题需要从思想上给予解决。我们需要诚实面对孩子，告诉他实情。于是我就和他说："妈妈没有骗你，因为她也没来过这里，她也不知道这里情况如何。第一，她告诉你这里条件很好，是因为她可能觉得这里离海近，风景不错；第二，她说你可以在这里好好玩，是因为妈妈希望你能在这里玩得开心，这是她对你的期盼；再说你妈妈说的也不完全是错的，她说会有许多小朋友和你一起这是对的吧？还有说可以打野战也是对的吧？老师告诉你，玩与学是并列的，劳逸结合才是最美的一天，我们虽然每天早上有晨操，但是我们每天却可以和小伙伴们做各种各样的快乐而有趣的团队游戏，虽然训练是辛苦的，难道每天可以玩这么多好玩又有意义的游戏不是很开心吗？"他默默地听着，没有反驳。

结 果

我也同时把情况跟他妈妈说了,之后让他跟妈妈通了个电话。辅导员开导过,又得到妈妈的安抚,小正情绪稳定下来,也就没哭着说要回家了。

专家点评

此案例看似普通,但是仔细深究,恰恰给我们为人父母的敲响了警钟。本案例所提及的九岁男孩因为对妈妈的话深信不疑,所以无法接受与妈妈所述完全不相符的现实而闹情绪。案例给我们的警示是,父母一直在教育孩子要有诚实之心,但是恰恰忽略了自己也同样要做孩子的榜样,要有诚实的态度,对孩子的教育要以诚为本,不要为了更多地保护孩子,而不让他们更真实地感受周围的一切。辅导员在本案中的开导起到了很正面的作用,让男孩明白参加这类活动就是一次学习的过程、一次受教育的过程、一次提高的过程,并不是为了享受,让他理解妈妈的心。相信经过此事,这位妈妈以后一定会如实告诉孩子将要面对的事情,相信他们以后会相处得更好。

(肖宇勇:广州市越秀区文德路小学副校长)

凶爸与熊孩

■ 通常的家庭,往往是严父慈母,父母一人扮白脸,一人扮黑脸。在孩子眼中,爸爸往往是黑脸扮演者,严肃而不苟言笑。然而从下面的案例中,我们看到,爸爸太"凶"并不太好,因为往往会养出胆小怕事的孩子。

—— 曾伟良

越唠叨越糟糕

>> 余旨恒

案 例

小左（化名），男，十岁。家境比较富裕，父亲思想封建，管教古板，属于"打手型"，孩子不配合时就武力解决；母亲是典型的"唐僧型"，大多数情况下是母亲在教育儿子。

小左给我印象深刻的原因并不是因为他顽皮好动，而是因为他非常文静、内向。在往后的接触中，我感觉到他还有些许自闭。

特训时，我对队员们进行讲话："立正！向右看齐！向前看！好，各位可爱的营员们，大家下午好！今天阳光明媚，今天下午完成任务后会有个非常好玩、刺激、富有挑战性的项目，那就是……"小左在队伍后方蹲着，四处观望，摸摸自己的头和手，还不时在发笑。我没有把话说完就停下了，看了小左一眼之后继续把话说完，然后把他喊出所在队伍，单独谈话。

本来打算严厉批评，但是他走到我身旁时我看到他眼睛里有泪水。于是，我说："刚刚笑得那么开心，有什么开心事愿意跟我分享一下吗？"小左不说话。

"我在开营会，你知道吗？"我继续用温和的语气跟他交谈，小左继续沉默不语，眼睛四处扫射。

我说："我强调过，开营会的时候，必须保持安静，认真听好今天的任务，是吧？"小左肢体不自然地扭动，显然没有在听，而是想尽快结束对话。

我继续说："我就是一面镜子，你怎么对待我，我就怎么对待你。你刚刚的行为我非常不满意！告诉我，你刚刚的哪些行为不好？"我开始用愤怒的眼神盯着他，试图换种方式让他开口说话。

小左沉默几秒钟，本来偶尔微笑的嘴角垂了下来，他嚎啕大哭，双拳紧握，还掐自己大腿。最终，辅导老师用了很长的时间开导、安抚，小左的情绪终于稳定下来。

分 析

这件事过后，小左引起了我的重视，我花了一段时间，发现了他身上所存在的问题。

（1）自闭。无论玩团队拓展游戏，还是在房间里和室友或别的辅导老师，都没有交谈，甚至跟父母都没有过多的言语，只有"嗯""哦"的声音。我平时跟他聊天的时候，他不但不愿意说，还不愿意听，一副神游的样子，抬头，低头，左看，右看，时而嘴角上扬傻笑一下，时而面无表情，低头沉默不语。无论喜怒哀乐，他都不愿意跟人分享，分担。

（2）脾气古怪。他平时比较温和，因为他是活在自己世界里的人，要是有人试图拉他出来，或者闯进他的"世界"，他会非常狂躁，但他的狂躁对外人是没有威胁性的。有一次，在房间里有位室友把他的玩具弄坏了，他没有动手打人，也没有骂他室友，而是自己抱着那个玩具在地上坐着流眼泪，然后击打墙壁。幸好被人及时制止，否则他自己会受伤。

小左为什么会自闭呢？我们了解以后知道，是父母的"完美"配合所导致。母亲唠叨，小左就会反感、抱怨，甚至有其他不满的表现，然后父亲就通过"动手"来让孩子屈服。这样长此以往就会令小左产生恐惧，并且慢慢变得内向，因此小左心理就会出现问题，时间一长就定格成为病态。

本案例的小左，呈现出来的已是"病态"。不难看出，小左父母的教育方式是不可行的。"唠叨"式教育，反复在耳边"嗡嗡嗡"，不单不会让孩子信服，反而会让孩子反感自己父母，严重的话会导致亲子关系破裂，影响双向沟通，有些孩子因此厌恶身边所有"唠叨"的人，别人说多两句话就会逃避，脾气暴躁，影响社交。我们对小左的父母提出了以下建议：

（1）倾听。其实孩子不是不愿意说，而是父母说得太多，没有给孩子机会说，或者孩子说了诉求，父母没有当一回事或者直接否定掉。长期如此，孩子就会变得寡言，因为他觉得反正说了都没用，都不会有人听，而别人说我也不听。

（2）换位思考。对于小左这种类型的孩子，说再多或者打都是徒劳的。想知道他想什么，只有跟着他的思路走，才能更好地猜到他的想法，才能更有效地进行沟通和指引。

（3）拒绝刀子嘴，拒绝做"唐僧父母"，拒绝使用暴力教育。小左父母"分工"很明确：母亲唠叨，唠叨不行就骂，孩子不服父亲就出来修理一顿，以为这样就算教育了孩子，而谩骂、比较、唠叨、泼冷水、打，都会加深孩子的病态心理。

结 果

辅导员运用同理心进行引导,十多天后,小左的行为有所改变。当他被告知有权利指出别人的不对和表露自己的想法与要求时,他开始愿意跟辅导老师交谈,跟室友的关系也得到进一步的发展,每天都结伴而行,不再是孤身一人。

专家点评

这一案例中的小左具备了明显的自闭倾向。形成这一心理倾向有母亲唠叨苛求与父亲粗暴压服"完美"配合的原因,而从特训营中呈现的行为来看,小左还有许多生理上的反应,如恐惧、自虐、动辄喜怒等过激性反应。辅导员在有限的营期中施以针对性的辅导,并对其父母提供了一些建议,无疑是有效的。在班级、家庭中营造接纳、包容、亲和的氛围有利于孩子走出自闭,但是,对小左这种"病态"症状比较明显的孩子,就需要寻求专业性的辅导乃至治疗,这样才能帮助孩子及早缓解病情,摆脱困境。

(熊少严:广州市教育科学研究所原研究员、编审)

棍棒之下未必出孝子

>> 施晓莎

案 例

小淳（化名），十八岁。妈妈是名医生，爸爸是位商人。妈妈对她很慈爱，从小就很疼爱她，她和妈妈关系较好，但很怕爸爸。

我担任小淳所在营辅导员。在活动中，我发现小淳青春美丽，天资聪颖，本来有机会成为非常优秀的高中生，但是她却总是隐藏自己，孤立自己，不愿意去表现。我们了解后知道，她变成这样，是因为爸爸对她的影响。

小淳小时候闹脾气，她的爸爸直接把她抬起来，用手把她的头按进水缸里，以此来制止她的哭闹。小淳小学二年级时数学考了80多分，老师要求必须给家长签名，她的爸爸看到成绩就开始骂她，还对她说："下次再考这么少分就别考了，丢不丢人啊！"有一次，小淳不小心打破家里的花瓶，被爸爸撞见，他直接拿起藤条打她。还有一次，小淳和弟弟吵架打起来了，他的爸爸二话不说也是直接就打了小淳……长此以往，小淳对自己没信心，很胆怯，害怕和爸爸单独相处。

分 析

望子成龙、望女成凤是中国大多数父母的心愿。虽然我们生活在倡导家庭和谐、美满、幸福的时代里，但有些家长还遵循着"棍棒下出孝子""不打不成器"的传统思想，用"暴力"的方式来教育孩子。当小孩出现问题时，家长不去深入了解原因，反而采用粗暴的方式，惩罚、苛责或打骂孩子。

家长粗暴式的管教，表面上看似能制止小孩的不规范行为，但是却孕育着许多心理危机。有的小孩可能从此丧失信心，变得胆怯退缩、自卑孤僻、谨小慎微。有的会因为管教方式不对，致使孩子产生强烈的报复心理，模仿家长的行为，粗暴、残忍地对待他人，在这种家庭里成长的孩子，多少都会存在心理上的问题。这岂不是与家长们的初衷相违背了吗？

父亲在孩子的心中，形象高大，是家庭中的重要角色。父亲作为孩子背后的靠山，更要承担起重任，树立一个好榜样。孩子犯错误时，不要急着打骂，先要讲清楚道理，再三思量之后再决定如何处理。孩子达不到你所期待的目标时，应给孩子多点信心，多鼓励他们，而不要一味苛责，施加压力。

结 果

小淳在随营辅导员的开导下,逐渐理解了父亲为什么对她如此严厉,并在夏令营当中发挥了大姐姐的作用,辅助老师做了很多管理工作。我们也和小淳的父亲联系,给他提供了我们的专业意见。

Straus MA等调查发现,父母对孩子进行肉体处罚会导致儿童日后反社会行为发生率增加。尽管儿童在受到体罚后可能会立即按照父母的要求去做,但他们并没有马上形成父母所期望的良好行为。"棍棒下出孝子"的传统思想已经不适用于当代的家庭教育了,父母应该扮演好自己的角色,学会理解、倾听孩子的心声,多给予孩子鼓励,只有这样,孩子才会离你越来越近,成为你所希望的人才。

专家点评

案例中本该更加优秀的十八岁的女孩存在着缺乏自信、胆怯以及封闭自己的问题。究其根源,问题核心来自父亲不正确的简单粗暴式的棍棒教育。这种管教方式在短期看似能制止孩子的所谓的"不规范"行为,但是长期下去会造成孩子缺乏自信、孤僻胆小甚至叛逆等性格缺陷。由于本案例中的女孩年龄已经接近成年,所以更需要辅导员以及家长的正确引导和心理疏通,希望她在未来的高等教育阶段以及步入社会以后,能慢慢克服这些缺陷,变得更加阳光、自信。

(肖宇勇:广州市越秀区文德路小学副校长)

黑脸还是白脸

>>> 杨佐强

凶爸与熊孩

案 例

"五识伴我成长"人格魅力塑造特训营里，出现了一个带有"爱"，而缺少了"严"的故事。"吃饭及时点，后面有其他队伍在排着队""集合迅速点好吗，每次都得拖个几分钟""再这样下去我就罚你们了"……这是另一个辅导员每天对特训营孩子反复提醒的话，而我则在旁边提醒："嘘，陈老师准备生气了，要听话。"孩子们一般都会马上听从。那时的我一直都是扮演白脸，而另外一名辅导员老师则是黑脸。接下来有一天，因为队伍里面有孩子生日，陈老师便忙于做派对的准备，所以把孩子托付给了我，那一天，我尝到了这种分工教育带给我的"甜头"。

"陈老师有事，今天由我来带你们了。"我说。"耶，好呀！"孩子们一致回答。没想到这便是我噩梦的开始。"前面是曾老师，赶紧排好队形，走整齐点，记得问好。"走在队伍前面的我一直在提醒孩子们，谁知道孩子们不仅没有听进去，还打闹着；玩游戏时不按纪律；排练闭营节目不认真。那时候的我明白了带队老师的辛苦，因为接下来每做一件事，我都像是在请求他们，但他们却肆无忌惮，无所不为，最后我硬生生地被气哭了。

分 析

在中国的传统家庭教育里，总是有这样一个分工：一人唱黑脸，一人唱白脸。意思是父亲给了孩子一巴掌，接着母亲送上一颗糖，总要孩子怕一个人。但这样的教育方式真的没有问题吗？孩子与家长的关系有没有受到影响？教育者双方最终有没有矛盾？

如果黑脸等于威严，那么白脸就是爱；如果父亲是黑脸扮演者，母亲则是给予爱的白脸扮演者。黑脸固定扮演久了，孩子只会区分爱我和不爱我，接下来孩子遇到什么事情也就自然寻找白脸，依赖白脸，而疏离黑脸。慢慢地，孩子与白脸的关系可能从依赖演变成耍赖，而与黑脸的关系则是消极或积极对抗，严重阻碍了亲子间的关系。接着，扮演者之间也逐渐起了矛盾，最终导致亲子、夫妻之间的感情变化。

案例中我与辅导员老师的这种分工，结果让孩子变得遇事就依赖我，形成了"即便我做错，也会有人来帮我"的心态，正因为我平时只带爱的提醒，少了威严的管教，才最终导致孩子们对我从依赖变成耍赖。无力的命令，最终让后面的教导出现障碍。由此可知，黑脸和白脸须兼顾，缺一不可，因为单一的教育方式，将无法独立教育孩子。而无论是扮演黑脸还是白脸，都应该让孩子明白父母都是爱他们的。

结　果

我狠狠批评了这些不听话的孩子，然而自己也落下了眼泪。因为真的很喜欢这群孩子，之前不舍得严厉地对待他们，结果便是因为缺少"严"的教育，而导致自己"伤痕累累"。我明白了"当孩子不认为教育者说的话具有权威性的时候，自然也不会接受他的教育"这样的道理。

专家点评

孩子的成长离不开家庭教育。有些家庭对调皮的孩子，采用"黑白脸"战略，"黑白脸"战略应结合实际创造性地运用。黑白角色不是绝对的，对原则问题都没有回旋余地，都得"黑"；对非原则问题都可以动之以情，都可扮演"白"。

（邱服兵：广州市团校校长）

不骂不成器

>>> 蓝露璐

案 例

小乐（化名），十岁，是一个比较瘦小的女孩，很喜欢笑，笑起来嘴角两边的酒窝若隐若现，可爱极了。

初来的时候，我感觉小乐是个文静的女孩。后来我发现，她在全队面前讲话时，显得特别紧张，会脸红，也会一直抠手指，看得出小乐在当众讲话这方面是比较缺乏锻炼的。此外，在相处过程中，我还发现了一件事情：小乐很挑食。她不爱吃红色的蔬菜，特别是番茄，记得有一次她的饭不小心沾到一点番茄汁，那碗饭她都不愿意吃了。后来我又发现除了香蕉，其他水果她也一概不吃。像小乐这般年纪的小朋友，偏食是他们共同的特点。后来，我们了解到原来她小时候父母不在身边，由外祖母照顾带大，外祖母比较节俭，所以每餐都只会吃家里种的那几样蔬菜，也很少吃水果。小乐父母长年在外打工，一年只回来几次，每次回来听说小乐不吃蔬果，都会责骂小乐。渐渐地，她在脑海里下意识以为自己真的挑食，以后看到未知的蔬菜和水果她都不愿去尝试。

分析

如今孩子的生活条件越来越好,难免会产生挑食的现象,从而导致营养不良,所以,让孩子均衡营养,又成为了父母的一个新挑战。如今很多父母在外忙事业,把小孩扔给老一辈,但很多老一辈由于知识和精力的局限,很多时候只能帮你们把小孩带大,教导孩子、纠正孩子的行为偏差还是要靠父母。然而父母常年在外,和小孩缺少互动,孩子难免会觉得对父母生疏,但父母对孩子都有着较高的期望,孩子只要做得不能够让自己满意,就会对孩子进行指责。其实,这种埋怨和指责不利于孩子自尊心的培养,也不利于孩子的进步和成长。

小乐这一偏食行为是一个由量变到质变发展的过程,如果家长认真分析导致她偏食的原因,并采取了积极的措施,譬如不要一味指责她偏食这一行为,平时在家多和她沟通,把她不喜欢的菜和她喜欢的菜一起煮给她吃,让她多去尝试,让她知道爸妈是爱她的,结果就会更加乐观。对于小乐,我们采取了一些教育措施:

(1)深入了解。我们先表扬她这几天在队里的表现,让她放松心情,有耐心听我们讲挑食的问题。

(2)实施奖励政策。告诉她吃蔬菜和水果的好处,只要她愿意去尝试她之前不吃的蔬菜和水果,就奖励一个小红旗(评优积分)。

(3)调和食物的口感。如果孩子不喜欢吃蔬菜,那么可以把蔬菜与他喜欢的菜一起炒(煮),比如孩子喜欢吃饺子,我们就可以在饺子里面放蔬菜。

结果

虽然小乐愿意去尝试吃其他蔬菜,但只是因为有我们奖励的驱动,想让她养成一个良好的习惯还需要比较长的时间,特别是在这之前她已经养成了一种不太健康的饮食习惯。此外,辅导员发现,她吃番茄真的会吐。至于是医学病理上还是其他方面的原因,就需要进一步检查和较长时间的观察。为此,辅导员也联系了小乐的家长,建议其多加留意。

专家点评

从小乐偏食的程度可以看到，这是一个家庭教育严重违背教育规律，致使受教育者朝着不良结果方向发展的典型案例。要培养身心健康、品格优秀的孩子必须严格遵循两条规律：教育的规律和受教育者身心发展的规律。

教育的规律之一："大力鼓励，严格指导"和"因材施教，循序渐进"。也就是说，对不同受教育者采取不同的教育方法，由浅入深按程序有效地推进。当受教育者有改善或做出成绩时，应大力给予鼓励，不断增强受教育者上进的信心和进步的势头，同时要给受教育者指出进步的方向和空间。

受教育者身心发展的规律：每位处于成长期的受教育者，内心对来自长辈的肯定和否定都非常敏感。教育者对受教育者的认同、肯定会对其产生积极的力量并使其朝着健康的方向进步。

教育者对受教育者的否定、挖苦将会对其产生消极和致命的打击，摧毁其进步的动力，使事情一步一步地恶化。

（张仲庆：广东青年职业学院客座教授，广州市家庭教育专业委员会副理事长）

暖爸的爱

>> 全 艳

案 例

暖男,是一个好男人的代名词,也是现今最受女性欢迎的名词,他们内心稳重不浮躁,会疼人,知道怎样爱老婆爱孩子。他们最大的特性就是实在、真诚、温暖、贴心。暖男,可以是一位好男人、好丈夫、好爸爸,懂得疼爱和照顾自己的妻儿。这里,我就暂把这样有着"暖男"特性的爸爸称为暖爸。

2015年国庆,江门雁山营地,就有这么一位暖爸,他长相平凡,眼睛里面总是带着爱意,对孩子、妻子温暖体贴,细心照顾。

每次吃饭,他都会给八岁的孩子递去纸巾擦拭嘴角的饭粒;爬山的时候,他会给漂亮的妻子递去擦汗的毛巾。他拉着八岁的孩子爬上一个又一个阶梯,并且耐心地解答着孩子一个又一个"为什么"。一切的一切,看似是那么的平凡和微

不足道，却给这个家庭带来了无尽的幸福。看着他们一家人和睦相处，真是令人心生羡慕！我想同行的几个家庭也会羡慕他们的这种和谐吧。因为这几个家庭的相处模式与之截然不同。"爬山就好好爬，哪有那么多为什么。""吃个饭都不能好好吃，你还能干什么。""快点，小心我抽你。"不知道他们为何总是那么容易被孩子惹怒，孩子的几个"为什么"，就能把他们惹得不胜其烦。而他们的话语也深深地伤害着孩子幼小的心灵，孩子是听他们的话了，可是也变得胆怯了。

分 析

每一个人都有自己的优点，暖爸的优点在于细心和体贴。现如今，爸爸们鲜有耐心教导孩子，也鲜有能够做到像暖爸一样。他们对待孩子，很少用耐心去教导，更多的是发号施令，一顿怒斥，毫无征兆。有时孩子多问几个"为什么"，爸爸就会变得不耐烦。这样情况多了，孩子也不问不说了，慢慢地孩子就变得沉默寡言了。

幼小的心灵是需要呵护的，做父母的要给予他们更多的爱，他们才会懂得什么是爱，什么是温情，这样才愿意与人结交。对于内敛害羞的孩子，我们首先就是要打开他们的心扉，而这把钥匙恰巧就是家长的爱。温暖的父爱让孩子沐浴阳光，茁壮成长。

爱的方式有很多种，而我们说的疼爱和照顾，不是溺爱，它是有原则的，不能什么时候都由着孩子的性子来。当孩子向你请教的时候，我们应该多给孩子一点时间，多给自己一点时间，给孩子耐心的解答和教导；当孩子不愿吃饭的时候，闹脾气的时候，我们应该耐心教导，严肃对待，但不要伤及尊严和人格；当孩子一件事情没有做好的时候，我们不应该过多责备，而是应多一点引导和教诲。

不同的情形，我们有不同表达爱意的方式，而什么时候应该采取什么样的方式，那就是我们父母需要学习的了。严父和慈母是父爱和母爱的表现，只是如果爱的天秤失衡，反而会带来伤害。我们都知道过犹不及，对孩子的爱，更是如此，要讲究不同方法——有时严厉，有时温暖；有时教导，有时鼓励。暖爸能做到这样，所以他的家庭才如此幸福。我们要向暖爸学习，让孩子心里多一丝暖意，少一点畏惧。

结　果

　　在与几个家庭谈话后，他们也意识到自己在教育方式上存在的问题，也懂得了自己需要对孩子耐心一点。于是，在后面的几天行程中，他们试着学习如何呵护孩子，如何不过分责备孩子，如何教导孩子。现在每当孩子有疑惑的时候，他们都会比之前多一分耐心去解答孩子的问题。孩子慢慢感受到父母的这一改变，也渐渐打开心扉，与父母诉说着他们的想法和感受。

专家点评

　　理想的父亲是在孩子不同成长阶段扮演不同角色：

　　0～5岁幼年期，父亲是不可或缺的"第三者"：孩子从依赖母亲到开始往外探索，追求独立个体感，父亲成为他"安全的第三者"。

　　6～12岁孩子开始学习从他律转向自律，此时父亲是权威的象征。父亲应善用自己的权威感，来为家庭建立规范，并且以身作则来发挥影响力。

　　13～18岁孩子进入青春期，父亲成了儿子的竞争对手、女儿的第一个异性关系。女儿喜欢跟父亲亲近，儿子则是较接近母亲。这个阶段的男孩，需要父亲在身边成为性别认同的楷模，却又忍不住在认同之后进行竞争，模仿父亲的男子气概。而女儿则是在与父亲的互动中，形成往后与异性相处的模式。

　　19岁后，父亲在子女生命中扮演的是精神导师。

　　在中国式家庭教育父亲普遍缺位的情况下，文中暖爸的做法难能可贵。

　　（杨秋苑：广州市康复中心心理科副主任医师、心理治疗师、注册心理师、主任）

要第一不如要快乐

>> 唐妍

案例

在广东江门鹤山基地，我们开展了为期七天的"五识伴我成长"人格魅力塑造营。团队建立是组建一支队伍的首要条件，目的是为了让小朋友们相互认识，也给小朋友们一个展示自己的机会，我们举办了队长竞选活动。一个短发的小女生，在爸爸的鼓励下，走上了舞台。

她的爸爸看起来是一个非常严厉的人，小女孩看上去很怕她的爸爸。在他们接下来的对话里，就可以看得出来。"这是一个很好的机会，让老师同学认识你，这么多同学在这里，你要自信点，争取当队长，拿第一。"小女孩的爸爸命令式地说道。

小女孩不敢违抗，乖乖走上舞台，介绍着自己。我发现，在整个过程中，她的眼睛都一直看着她的爸爸，不敢望向其他的方向。当所有同学都介绍完自己后，总干事告诉大家一个好消息，就是我们将会在这短短的七天内，根据大家的表现，每个营评选出若干位优秀营员，同时颁发一个优秀营员的奖状并开具广州市团校社会实践证明。此外，获得优秀营员的同学，在以后参加广州市团校的活动时将更具竞争力。

小女孩的爸爸听到这个消息很兴奋，马上走到他女儿身边说："一定要表现好点，拿下优秀营员，做什么事都要做到最好，让爸爸高兴一下！"小女孩抿抿嘴，点点头。

在接下来的几天里，小女孩很努力，她时而也会跑来问我，优秀营员评选的标准，会选几个人之类的问题，我告诉她，她已经表现得很好了，但她仍然不敢放松。看得出她很在乎，也很紧张这份荣誉，但是我发现她并不开心，她并不享受这个夏令营的过程，那些和同学们相处的乐趣、夏令营各种新奇好玩的事情，她好像并不能感受得到，只是竭尽全力地去做好老师要求的东西，遵从她爸爸的教诲——"拿优秀营员"。

她并没有同龄人的那一种轻松和快乐，脸上多了几分忧虑，那是她这个年纪不应该有的东西。我在她的身上看到的更多是对优秀营员的渴望，对她爸爸"命令"的服从。她好像失去了自己，如同一只不会自由飞翔的小鸟，只是按照指挥棒的方向机械前进。在临近选优秀营员的时候，我们进行民意选举、投票，小女孩的票数不是很高，这让她一下子受到了打击，情绪非常低落，回到宿舍的时

候，她偷偷地哭了。

这一切我都看在眼里，我决定让她从名次的束缚中解脱出来，释放出一点来自她爸爸的压力，让她变得快乐一点。来到小女孩的宿舍，我把纸巾递给她，安慰她说："老师知道你很紧张优秀营员的事情，但是老师希望你明白，这只是个鼓励，并不是说没得到的人就不优秀，每个人的优点都不同，我们要做的不是去争取每一个荣誉和奖励，而是尽自己最大的努力去做好每一件事情，体验过程的快乐，在过程中学到东西，跟这些比起来，名次就显得太微不足道了。我知道你的爸爸也很希望你拿这个优秀营员，但是，我相信，只要你告诉你的爸爸，你玩得很开心，并且很享受夏令营的过程，学到了一些知识，你的爸爸是不会怪你的，他也会相信这样的女儿一定是最优秀的，一定是'第一名'，他会为你感到骄傲的。"

分 析

进取固然是好事，但孩子的快乐同样重要。

"考试要考第一啊，比赛要拿冠军啊……"这是很多孩子从小听到大的一句话，家长们都希望自己的孩子能够出类拔萃，成为首屈一指的大人物，这着实反映出家长们望子成龙、望女成凤的迫切心情，但同时，也给孩子们造成不小的压力。这个"第一"就像一座大山压在了他们瘦弱的肩膀上，家长们给孩子灌输的"拿第一，拿优秀"的理念，也成为不少孩子害怕考试、害怕学习的理由。

家长之所以要孩子考试排名靠前，参加活动拿奖，是因为他们认为，只有当孩子成为百里挑一的人才，才能适应社会迅速发展的节奏，才能顶住社会的高强度和高压力，成为一名佼佼者。但是，他们却没有发现，在孩子们努力争第一的时候，他们脸上的笑容渐渐消失了，身上的担子慢慢变重了，心理压力也越来越大了。当家长一味地要孩子去争取第一、追求名次的时候，孩子的身心也逐渐地向着另一个极端发生着改变。

从这个案例当中，我们可以看出来，小孩子拿第一、争名次的压力大多数都来源于父母，父母对孩子的"硬性要求"让孩子无法享受他们在当下年龄段所应该拥有的童真和快乐。名次这个东西太过沉重，不利于小孩子的身心健康。第一，容易让小朋友忽视参与过程的快乐，失去积累知识、积累经验的机会，长期下去，就会"唯名利是从"。第二，小孩子背负了太大的压力，享受不了童年的

快乐。我们要告诉小朋友,这个世界上除了"第一名",还有很多很美好的事物,比如用金钱都买不了的快乐。

一个人优秀固然重要,但是如果为了变得优秀,仅仅是去追求表面上的名次,忽视身心健康的发展,这样的优秀也不会持续多久。相反,孩子承受过多的压力,也会丢失很多快乐。我们要鼓励小朋友们努力成为一个优秀的人,同时也要告诉他们,有时候快乐比第一名更重要。

结 果

在我的开解下,小女孩的情绪不再激动,心情也有了好转,我看着她静静地思考,最后,她认真地说道:"老师,我们每个人都是好孩子,拿到优秀营员的是很优秀,如果这次没拿到下次还可以努力!"听到她这样说,我感到十分欣慰。

专家点评

在这个案例中,很多家长都很容易发现自己的影子。身为父母,都是望子成龙,望女成凤,难免会对孩子有很高的要求,希望他们考试拿第一名,参加比赛拿第一名或者在各种活动中也争第一名。殊不知,其实除了"第一名"可以作为孩子的学习目标,还有很多美好的品德、美好的事物可以让孩子学习,可以作为目标。案例中的小女孩为了实现爸爸所谓的各种"第一名"的目标,渐渐失去自信和自我,她的学习和生活也很不快乐,这其实不是父母最终想看到的。希望为人父母都能以此案例为警示,时刻提醒自己,让孩子快乐地学习和生活是比处处争"第一名"更重要的事情。要知道,成功是多元的。

(肖宇勇:广州市越秀区文德路小学副校长)

牵手与放手

■ 孩子长大,迟早会离开父母。若总是牵手,不适当放手,孩子就不能在跌倒中学到经验。从下面的案例中,我们看到,适当放手有利于孩子早日独立。

—— 曾伟良

孩子为什么在夜晚哭泣

>>> 曾伟良

案 例

开营那天，小初（化名）和其他小朋友在父母的陪同下来到集合点。开营仪式结束后，家长与孩子话别，有的拍照，有的拥抱，有的叮嘱。接着孩子们有序上车前往营地。

为期七天的夏令营，营员来自全市各个小学。其中，有一半的同学是头一次离开父母过独立生活。白天，大家在学习与活动中有说有笑，然而一到夜晚，一半的营员哭闹。小初是其中的一个。

每到夜晚，辅导员巡视营员的房间，发现房间一旦有一个人哭，就会引发房间里其他孩子一起哭；同层有一间房有人哭，会引发左邻右舍的同学也哭。辅导员问小初为什么哭，小初回答："想家，想爸妈。"辅导员问："送你回家好不好？"小初答："不，这里好玩，哭累我会睡的。"

辅导员把小初爱哭的情况告诉他的妈妈。小初的妈妈说："他每次通电话讲着讲着也哭，问他是不是受人欺负了，是不是被老师批评了，还是吃得不好，睡得不好，玩得不开心。他都说不是。"

分 析

小学生暂时离开父母过独立生活，晚间哭声一片。无论父母在电话里如何安慰，辅导员如何规劝，均无果。孩子哭，可以简单地理解为他们想家、想爸妈，还有可能是因为缺乏足够的安全感，导致离别焦虑。夏令营的环境、作息、节奏和家里不同，孩子容易产生压力。也可能是因为室友不是自己熟悉的人，孩子不会跟陌生人相处，一开始无法很好地融入集体生活。小学生处于人生中最关键的时期，个体心理的发展经历了童年与少年期的交替，表现为抽象逻辑思维开始占主要地位，但他们的抽象逻辑思维经常需要具体的直观的感性经验的支持。他们思维的独立性和批判性有显著的发展，但很不成熟，容易产生焦躁不安情绪。他们考虑问题容易绝对化，形成诸如孤独、压抑、骄妄、浮躁、责任心薄弱等心理弱点，加上他们意志发展不够成熟，往往出现冲动行为，有人把这叫做"心理发展的最困难时期"。

结 果

也许是哭累了，也许是辅导员老师的安抚起了作用，也许是夏令营的活动精彩纷呈，也许是小朋友之间越来越熟悉，几天后孩子晚上哭闹的情况少多了。他们能够第一次独立面对成长，也许这也是他们参加这次夏令营的收获之一吧。

专家点评

孩子晚间哭声连片，一半的营员哭闹。虽然，年幼的孩子都有离开父母走向独立的过程，但作为十岁左右孩子的表现，他们显然在独立能力、生存能力上不达标，这给我们教育者很好的课题——我们怎样将下一代培养成社会栋梁之材。

孩子的哭闹声折射出当今社会的学校教育、家庭教育、社会教育在育人问题上出现严重的偏差，甚至背离了教育的本质、方向和规律。

当今学校教育重视的是分数、升学；家庭教育重智育轻德育、重功利轻能力；社会教育基本以分数和考上名校作为成功的标准。作为教育者我们应从大教育观去思考并呼吁：全社会都端正育人观和成功标准。在青少年成长阶段，将精神、品格、情感需要和思维品质作为主要培养目标，让他们在当下社会的应试教育体制下，成长为身心健康、积极向上、自信、自立、自强，有顽强生存能力的人。

（张仲庆：广东青年职业学院客座教授，广州市家庭教育专业委员会副理事长）

"放手"是成长的必修课

>> 唐 妍

案 例

那天,又是热火朝天的报到现场,家长们和孩子们将市团校挤得水泄不通,走进我视线的是一个小男孩,他穿蓝色T恤、黑色裤子,一头干净利落的短发。跟在他身后的是他妈妈,拖着一个行李箱,气喘吁吁地。办完入营手续之后,送行的妈妈开始细心嘱咐小男孩:"妈妈给你带了七套衣服,每天都可以换,T恤、运动裤,都搭配好了,直接拿出来穿就行了。水杯、风油精、零食都在箱子里……你第一次单独出来,有什么事找老师或者给爸妈打电话。"看来这位妈妈似乎十分放心不下。

到了营地,还不到一天,事情就发生了。小男孩遭到了室友的投诉,还和室友打起来,吵着要回家,要给妈妈打电话。

见此情况,我和另一个辅导员赶到他们宿舍。经过了解,发现原来在分配好宿舍之后,室友们都在整理自己的东西,只有那个小男孩一直坐在自己的床边吃

零食,看电视,箱子里的东西都被翻了出来,乱成一团,却不收拾。室友关心地问他,他却任性地甩了一句:"不会整理,不用你管!"然后就继续吃东西,看电视。晚上当其他小朋友都在洗衣服的时候,他却把换下来的脏衣服扔在一边,不洗,也不整理,弄得宿舍里又脏又乱。当室友好心提醒时,他却理直气壮地说:"你管得着吗?我不想洗,也不用洗衣服,反正我每天都可以换,脏衣服可以拿回去给我妈妈洗!"无奈之下,室友只能把小男孩的脏衣服收到一边,不小心把水弄到小男孩身上,然后小男孩就和室友打起来了。小男孩一边哭,一边吵着坚持要回家,要给他妈妈打电话。

分 析

很多家长在孩子成长的过程中,都舍不得放手,担心孩子摔跤。从孩子出生起,就开始日夜操劳。父母认为自己所做的一切都是为孩子好,让孩子少走弯路,他们将孩子未来的蓝图规划好,铺好了一条光明大道,孩子只需要轻轻松松地按照他们所铺好的路走好每一步。而在他们看来,这是避免孩子受苦受累的"最好方法"。

这种父母"一手包办"的人生真的好吗?这样不用孩子付出努力真的是"为孩子好"吗?每个父母都希望孩子的人生顺顺利利,没有风浪,只要能为孩子做的,父母都想尽办法,心甘情愿地去做。但是,不同的家长却有不同的方式。

有些父母选择"帮"孩子做,"帮"孩子绕过人生的坎,自己就像英勇的战士一样,铲除前方的障碍,牵着孩子的手,不敢放松,生怕孩子受伤。可有些父母选择"放手",让孩子学会独立,让孩子去经受困苦的考验,成为自己人生的"先锋",当孩子遇到挫折时,自己就在一旁稍加指点,进行开导,然后鼓励他继续前进。而这两种不同的方式,成就了孩子两种截然不同的人生。

结 果

我安抚小男孩,他停止了哭泣,接着我细心地教导他,告诉他洗衣服的步骤,"第一步,打湿衣服;第二步,倒洗衣液;第三步,用力搓;第四步,漂洗并拧干;第五步,用晾衣架晒起来"。边教边做,小男孩也学得很认真,到最后一步的时候,我们一起将湿衣服拧干,小男孩脸上露出了微笑。我对他竖起大拇

指，鼓励他说："你做得很好，到闭营的时候，你可以骄傲地告诉妈妈，你会自己洗衣服了，没有把脏衣服带回家！"

在给家长的一封信中，这位小男孩提到了这次洗衣服的事情和过程。他说在这次和老师一起洗衣服的小事中，既学到了洗衣服的方法，也很开心能够在不需要妈妈帮助的前提下，自己独立完成洗衣服这件小事。他的改变，受到了同学们和老师们的表扬。

专家点评

　　每个父母都是爱孩子的，他们的出发点都是好的，可是不光要出发点好，还要用对方法。在成长的过程中，孩子必然会遇到各种各样的问题和困难，要教给孩子的应该是解决问题的方法和克服困难的精神。

　　孩子跌倒了，不要第一时间想着去扶他，看他摔疼没有，然后又亲又抱，这样他什么也学不会。下次摔跤，他还会想着让父母来扶他一把。也许我们应该换一种方式，鼓励他擦干眼泪，鼓励他自己站起来，告诉他避免摔跤的办法和摔跤后处理伤口的方式。这样在下一次跌倒的时候，即使父母不在身边，他也能够自己站起来，并且向前走。

　　孩子每次遇到困难的时候，父母不可能都在身边。如果舍不得"放手"，当孩子离开父母的保护后，就会变得弱不禁风，自己什么也不会做，不能独立自主地生活，在社会上也无法立足。所以，父母要在适当的时候"放手"，让孩子去经受磨砺。过多地保护，舍不得放手，只会防碍孩子更好更快地成长、独立，"放手"是一门课，一门关于成长的必修课。

（曾伟良：广州市团校青少年教育资深导师、主任）

"放手"是独立成长的第一步

>> 施晓莎

案 例

第一天接手这个队的时候,我很明确地问他们,"你们之中有谁不会洗衣服?举手让我看下,不用怕,不会洗的老师会教你,但是绝对不允许把臭衣服扔行李箱打包带回家。"他们之中没人举手。我内心虽然很相信他们,但始终还是放心不下年龄最小的小潘(化名)。所以,晚上他们在洗衣服的时候,我一间一间房查看。让我惊讶的是,小潘,这个只有八岁,个子不高,长得挺秀气的男孩,已经自己洗好澡,洗好衣服,晾好衣服,然后乖乖地在写日记了。我看了一下他的书包和行李箱,摆放整齐,比同宿舍的大哥哥做得还要好。

我带领的女生营员最小也有九岁的,她和其他几个女生还在吵闹,都还没洗澡,更别说洗衣服了,看到我过来,就跟我抱怨说自己不会写日记,还有一个女生更是哭鼻子了,说是想妈妈。我赶紧让她们分批洗澡,洗衣服,指导她们怎么写日记,然后安慰了想家的女生,十点半才回到宿舍。

对比之下，小潘没带手机到夏令营，第一天，他连电话都没给家人打。第二天，我赶紧让他用我的电话给家人报平安，他也挺开心地跟妈妈说他在夏令营玩得挺好的，虽然他挺想他们，但是让他们不用担心他，一个星期过后他们就可以见面了。很短暂却很温馨的几句话后，他妈妈说要和老师聊聊，于是他把电话递给了我。他妈妈先是说了几句感激的话，我对她说："小潘很乖，很独立自主，基本不用老师操心，所以您不用担心。"她妈妈笑着说："这孩子独立性算是比较好的，但是毕竟还小，所以还是需要老师您多多费心。"我心里想，能培养出这么独立懂事的孩子，父母真是教导有方。

但是到女生宿舍时，前一天就说想家的女生小婷（化名）在跟妈妈打电话时已经把眼睛都快哭肿了，吵着要回家……

分析

孩子呱呱坠地开始，就是父母的心肝宝贝。父母教孩子说话，牵着孩子的小手走路，领着孩子去上学……一个人的独立自主性是可以从小培养起来的，越早学会独立，你离成长就更近一步。但现实情况是，现在的小孩娇生惯养，吃不了一点苦头，一大堆"公主病""少爷脾气"，生活自理能力更加不行，所以就不用提独立了。

如果按照如今的趋势发展下去，那么往小方面说，就是父母培养不出独立性强的孩子，往大了说，就是未来国家将缺乏栋梁之才。高尔基曾说过："对待孩子，我们所做的一切都要向他负责。"父母适当"放手"所培养出来的孩子，往往有较强的自主性、自理能力、适应力，思维较富逻辑性，性格也比较坚强刚毅，朋友圈、交际圈也较大。

父母的教育方法深深地影响着孩子成长的速度与质量。好的父母，是懂得如何适当"放手"的。孩子当然要好好爱护，但是，让孩子能在这个弱肉强食的社会上尽早独立生存也是需要技巧与决心的。当孩子摔倒时，不要急着去扶，站在旁边鼓励他自己站起来；当孩子喜欢"饭来张口"时，给孩子汤勺让他自己吃饭；当孩子到了可以独立的年纪时，别替他包办一切；当孩子与其他小朋友闹矛盾时，给他时间跟空间去独立思考如何待人处事……

结 果

小潘的独立自主一直延续到了闭营的那一天,他还会不时地对别人施以援手。辅导员们都很喜欢这个年纪小却很独立的孩子。小婷到了第三天时还是会哭闹得比较厉害,不过在辅导员不断地劝说开导下也渐渐止住了。后面几天,辅导员与小婷约法三章,不断鼓励她学会融入周围的环境,在渐渐熟悉了环境以及在辅导员的鼓励下,小婷也渐渐独立起来。

专家点评

在生活习惯、自主能力、沟通能力等方面,本案例中的男生小潘和女生小婷形成了鲜明的对比。同龄孩子身上这种综合素质的差异,实质上是他们各自的家庭文化、家庭教养方式带来的家庭教育质量的差异。孩子终将离开父母、走向更广阔的社会。帮助孩子养成良好的生活习惯,提升他们自主能力,是每一位父母的职责。

(蒋亚辉:广州市教育研究院德育与心理教育研究室主任)

放手让孩子奔跑

>> 杨佐强

案 例

为期七天的"五识伴我成长"人格魅力塑造特训营里。有一个小男孩并不是兴高采烈,反而总是哭哭啼啼地喊着:"老师,我想妈妈了,我想回家"。在紧接着的一天里,我脑海里都在循环他哭喊的这几句话:吃饭时:"这个饭菜不好吃,我想妈妈做的菜。"游戏时:"我不想玩,我想回家。"睡觉时:"这个床不好睡,一点都不舒服,我想家里的床了。" 这一天,他给家里打了十几个电话,他的父母也从劝说到拒绝听他电话。他是第一次独自一人离开家这么久,在我看来,他是个被父母宠坏了的孩子。也许父母也发现了这个问题,于是送他来夏令营锻炼。

分 析

孩子说想家，无非有两个原因：一是在这感觉不到他想要的温暖，二是年幼的他从未离开父母这么久，一直没脱离父母的保护伞。第一个问题很好解决，这是一个大家庭式的拓展营，不久便会慢慢适应。对于第二个问题，则需要更多的时间来磨合。

在教育孩子的道路上，需要家长适当放手，放手是为了孩子能有更多的空间去成长，家长的羽翼不可能保护孩子一辈子，孩子的成长需要泪水和汗水，只有经历过才可能成长，作为父母更不能剥夺了孩子成长的机会和成长的空间。现在的家庭通常只有一个孩子，父母容易溺爱孩子，时时处处无条件满足孩子的要求，这个案例中，家庭的过分溺爱导致了孩子缺乏生活经验，环境变了，孩子就失控了，这是家庭教育的失败。放手去爱，让孩子生活在一个大的空间里，孩子才能飞得更高，未来的路也才能走得更稳更顺，别让孩子背上爱的枷锁。针对这一案例，我们采取了以下的教育措施：

（1）让其冷静优于一味满足其要求。"你在这里想一下，为什么爸妈会让你来参加夏令营，目的是什么，知道爸妈为什么不肯接你电话了吗？你不小了，该长大了，要读懂父母的心。"说完，我便让他一个人在房间想这个问题。

（2）切合时间，及时引导。三分钟过去了，我用备用房卡开了门，他坐在窗边的大椅子上，双眼通红地看着窗外。"老师给你的问题想到答案了吗？"我轻声问。他说："我还是很想爸妈。""对啊，爸妈是很疼爱我们的，老师两个月都没回家看望过父母了，我也像你这样挺想他们的，可我不会像你这样整天哭哭啼啼喊爸妈，我们需要长大。即使你在未来这几天里都喊爸妈，我仍坚信没人能帮得到你，一切都只能靠你自己，赶紧成长，让父母少为你操心，然后回家给爸妈看到一个不一样的你，这肯定是你父母的心愿。"这些话我并不是说来哄他的，而是我自己的真实经历，说得我自己都伤感起来了。

（3）留下思考的余地。最后，我说："好了，老师知道你累了，你先休息一下，吃饭时我来喊你起来"。这一天的他很安静，嘴上没有再挂着"爸妈"两个字了，但还是不开心。

结 果

第二天早上,我被门外的"砰砰砰"声吵醒,打开房门探头看去,原来是几个营员在走廊上打闹。我便大声朝他们的方向喊"别跑",他们一起转向我,其中一名便是昨日还哭哭啼啼嚷着想爸妈想回家的那个孩子,我笑了,对他们说:"先回房间,不能在走廊上玩,待会老师带你们去玩更好玩的。"

专家点评

这是当今很普遍的家庭"溺爱孩子"失败教育的案例,让我想起两句话:"永远抱着的孩子长不大""花盆难养栋梁之材"。

很多人认为这是我国独生子女政策带来的负面效应,的确,独生子女政策客观上造成父母及祖辈对家中的独苗宠爱有加,为孩子营造"金窝""银窝",不能让孩子吃点苦,受点累,违背"千锤百炼才能成才"理念。

但最重要的主观原因才是根本原因,是父母的家庭教育观念落后陈旧。因为过时的机器,只能生产过时的产品;不合格的父母,只会带出有问题的孩子。

现在许多家庭的孩子长到一定的年龄了,离开父母仍难以独立生存,这样的孩子日后如何能成栋梁之材,担当家庭和社会责任?值得每位父母从家庭教育理念角度进行检讨,对孩子的呵护不要无微不至,放手并鼓励孩子参加各项社会实践活动和集体活动。

(张仲庆:广东青年职业学院客座教授,广州市家庭教育专业委员会副理事长)

经历短暂的亲子分离

>>> 黄焯睿

案 例

2015年的寒假期间,芮芮(化名)的妈妈在和朋友聊天时得知:广州市团校举办的冬令营正在接受报名。芮芮妈妈有点犹豫,有点矛盾,既想芮芮参与又不想芮芮离开她。于是,回到家后,她马上与芮芮和芮芮的爸爸来了一场"谈判"。"我觉得一定要报名,因为这是一个给芮芮锻炼的机会。"爸爸先发表了他的观点。妈妈接着说:"我也想让她去,可是她第一次独自出门我不放心呀!担心她离开我的身边会出状况。"爸爸又说:"一定要去,去锻炼一下,她长大了迟早都要独立在外,不能再娇生惯养了。"妈妈还是犹豫不决,想了想,拉着芮芮到她的房间里。"芮芮你想不想去?"妈妈问。"有点想。"芮芮回答道。妈妈只好说:"让我考虑下。"芮芮的妈妈想了一晚,第二天,狠下心帮芮芮报了名。

芮芮与爸爸妈妈暂时离别的时间到了。芮芮和爸妈挥手告别。在开往营地的车上,芮芮很快和一个同龄女孩琳琳(化名)成了朋友,并开心地聊了起来。芮芮和琳琳在车上各自幻想着在冬令营的七天里,会有一些什么新鲜事发生。

冬令营的生活正式开始。每天芮芮都体验着与平常不同的生活:早晨跑步后再吃早餐,之后进行一些关于行为习惯培养的课程学习,在玩乐中得到感悟和启发。

分 析

不离开鹰巢的雏鹰永远都学不会飞翔,不离开母亲庇护的小树永远都不能茁壮成长。对于我们人类来说更是如此,所以有一种爱叫"放手"。就像詹天佑,自小赴美留学,在异国的他刻苦努力,回国后以坚韧的信念修成了中国人自己的第一条铁路——京张铁路。

在适当时候应该放手,否则孩子永远不会像有着丰满的羽翼的雄鹰那样展翅翱翔。我们不能让孩子一直生活在树荫下,他们需要经历风雨磨练,才能不断成长,不断进步。人生的路很长很长,父母不可能完整陪着我们走过这一漫长而艰辛的路程。所以在孩子小的时候,父母就应该让他们学会独立,学会用自己的方

式处理自己的事情，学会用自己的智慧解决自己的问题。

面对家长离不开孩子，放不了手的情况，我们的建议是：

（1）鼓励孩子，自己的事情自己做。不要什么都为孩子做好，家长应当试着放开手，千万不要做"包办父母"。让孩子自己去做，第一次也许做不好，但以后就会做得又快又好。放开手为孩子创造做事的机会和平台，孩子才能慢慢锻炼出自立能力。

（2）培养孩子大胆探索的勇敢个性。生活中，常常是那些勇于探索、大胆无畏的人才能取得杰出的成就，获得幸福。因此，父母们要为孩子的未来着想，不要总是对孩子过度保护，不要过分强调培养"听话"的孩子，而是应该多给孩子锻炼的机会，鼓励他们做勇敢的孩子。

结 果

就这样，快乐而充实的七天很快就过去了，芮芮带着满满的收获回到了妈妈的怀抱。通过这一次冬令营，妈妈发现，芮芮似乎长大了，独立能力增强了，懂得帮助父母做力所能及的事了。看着长大了的芮芮，爸爸妈妈欣慰地笑了。

专家点评

蝴蝶不离开茧房，就不会在芬芳中飞翔；花儿不离开温室，就不会在阳光下尽情绽放。如果要登高望远，就要离开室内的舒适。要培养孩子从小就养成不依赖父母的习惯，父母学会放手，让孩子自己站起来，学会坚强。虽说父母是孩子成长路途上的一盏指路灯，但今后的路还是要孩子一个人走，孩子提前学会独立，父母就少操一份心。

（曾伟良：广州市团校青少年校外教育资深导师、主任）

压迫与放任

>> 邓汝扬

案例

在冬令营活动中，我发现一名特别的小朋友，名叫小彬（化名），男生，十岁，不守纪律，无法融入团队。

第一天，所有小朋友都表现很好，集队迅速，能按时上交日记及做寒假作业。唯有小彬，集队时他总是懒散的样子。晚上在营房里写日记时，他要老师盯着才写，老师一旦离开房间，他便不自觉地打开电视看，导致到了睡觉时间还没写完日记，也没洗澡。次日，我与小彬妈妈取得联系，反映孩子在冬令营的以上情况。与此同时，从小彬妈妈那里也得知，家里对小彬管教很严。但也杜绝不了他时常偷偷看电视的情况；在写作业的时候他也会常常分心，需要父母盯着他完成；他常常在监护人不留意的时候开小差。小彬的注意力很不集中，常常分心，像与其他小朋友不在同一个频道上。别的小朋友在玩游戏，他也在玩；当别的小朋友停下来，开始学习的时候，他却未能停下来，仍然沉醉在游戏当中，完全没有自控能力。在宿舍里他更是"任性"，甚至影响其他小朋友。

分 析

在儿童向少年晋级过程中，父母作为首任老师，应该如何教育和引导孩子？很多父母过于专制，把自己的想法强加在孩子身上，形成了一种无形的压迫。经验告诉我们："哪里有压迫，哪里就有反抗"。若淡忘这一基本道理，执着将自己的想法强加在孩子身上，是不利孩子健康成长的。相反，若对孩子采取放任也是不负责的做法。

小朋友的天性都一样，贪玩，喜欢有趣的事情，小彬也如此。当我规定他不能做自己想做的事情时，其实是对他造成了一种无形的压迫。他心里不想按照我的意思去做，产生逆反心理，就出现了他玩到停不下来、常常分心、偷偷看电视等行为。

小彬有自己的想法，当然，我也不能把我的想法强加在他的身上。我没有骂他，也没有打他，却跟他做了好朋友，跟他一起玩，一起开心，他也慢慢对我放下了戒备的心态。在总结大会上他再次分心开小差时，我就跟他谈："小彬，你这样是不对的，其他小朋友都在认真听总结，都能在游戏中学习到有用的知识。"于是他低下头思考了一下。

结 果

小彬在后面几天都能按要求做好，虽然作业质量不达标，但能按时把作业上交。在集队的时候开小差、动作缓慢的情况也没再出现了，积极性比之前要高。他认真投入到队伍当中，在游戏的时候比之前更加开心了。

专家点评

行为带来习惯，习惯养成性格，性格决定命运。养成良好的行为习惯，是未成年人健康成长过程中的重要任务。本案例中，十岁的小彬表现出来的问题，主要体现为他的学习习惯、生活习惯不好。这些问题，根源在家庭教育不足。养成孩子良好的行为习惯，需要父母持之以恒的言传身教。父母要从自身做起，保持耐心，运用智慧，坚持到底，培育孩子良好的行为习惯，为孩子的幸福人生奠定坚实的基础。

（蒋亚辉：广州市教育研究院德育与心理教育研究室主任）

青少年校外教育丛书

对孩子拼床睡的分歧

>> 李月仪

案 例

小轩（化名）、小俊（化名）、小亮（化名）、小凯（化名），均是十岁男孩，不同校却同一时间报名参加广州市团校举办的夏令营。入营后，在安排入住前，我们对队员进行团队建立，让队员彼此认识。在认识的基础上，老师说："这次夏令营采用自愿选择，一间房安排四个小朋友，两张床拼在一起，愿意同住一间的请站在一起。"

小轩、小俊、小亮、小凯四个小朋友，经商量后便站在一起。由老师带领入住503房。开始时，小轩和他的三名小朋友相处得很愉快。可好景不长，过了两天，室友小俊向带队老师投诉小轩，提出要换房间，其余两名室友也向带队老师反映：小轩有种种不良的习惯，让他们觉得不舒服。

室友对小轩反映的这些问题，在白天里是无法发现的。连小轩自己都不知道他身上存在的这些问题。

分 析

在夏令营期间，双标房安排四个孩子同一间房拼床睡，有些家长赞同，认为是锻炼孩子与人相处的绝好机会；有些家长反对，担心孩子们互相影响睡不好。对此，组织方采用自愿选择方式。

孩子的世界比较单纯和富有童趣。凡事分对与错，不能受半点小委屈。在成人世界里认为不是问题的小事，对孩子来说却是很重要的事。因孩子们的阅历少，判断是非的能力尚未形成。所以，在组织孩子们的集体活动时，每当他们之间发生吵架或者打架的情况时，辅导员老师必须马上介入，了解情况，并处理好。让做错事的人承认并道歉，他们很快就会和好。因为孩子之间没有隔夜仇。

针对小轩的案例，辅导员老师采取了以下的教育措施：

（1）深入调查。带队老师把小轩叫了出来，和他聊天，用很轻松的方式，问了他在宿舍房间里的情况。当带队老师说到他的坏习惯时，他也承认了，意识到自己的错误后承诺以后要改正。

（2）正面引导。带队老师教导他宿舍是大家一起休息的地方，要保持卫生、

清洁、安静,不然会影响到其他人的休息,大家一起生活要相互帮助,相互照顾,而不是互相争吵,互相指责。

结　果

经过引导,小轩向他的三个室友道歉了,并保证以后不再那样做,他们也原谅小轩并愿意继续和他一起住,四个小朋友抱在一起和好了。晚上,房间又回归了宁静。

专家点评

尊重不分年龄,孩子们也需要尊重。想要孩子们听话,必须深入了解小朋友,尊重其爱好,重视其需求。正如《窗边的小豆豆》一书中所言:当孩子感觉到有人了解他,满足他的需要时,他会觉得很温暖,会渐渐喜欢上这个人。辅导员老师在案例中采取的教育方式既让家长不用过分替孩子担心,又尊重了不同孩子的特点,放手让他们自己适应环境,解决相处中出现的问题,取得了较好的效果。

（曾伟良：广州市团校青少年校外教育资深导师、主任）

青少年校外教育丛书

少年成长在路上（家长读本）

那一刻的伟大

>> 全 艳

案 例

那一年暑假，我和同行的一名伙伴，在广州市团校做辅导员。

一位家长和其他家长一样，把孩子送到我们的营地，唯一不同的是，临走的时候，她交代了一句话："我的孩子意志力薄弱，做事总是两头热，团队行动的时候，多多引导鼓励一下他，有什么情况跟我联系，如果他实在不行就算了。"我笑了笑，说："放心，我会让你的孩子在这几天时间里好好学习的。"后来，我发现阿哲（化名）还真如他妈妈所说的，做什么事都坚持不了多久，而且总是对我说："老师，我不行。"

有一次，我们搞了一个团体竞赛游戏，用水注满一个没有底的、四周都布满小孔的白色水管。我们团体有20名同学，十几个人用小手把小孔堵住，一个人负责注水，而阿哲负责把底部最下面的两个小孔堵住（团队自我选择）。游戏开始的时候，他的任务也开始了。一分钟过去了，两分钟，三分钟，五分钟，前面很

顺利。第六分钟的时候，阿哲说："老师，叫他快点，我快撑不住了。""再坚持一分钟，快了，我们就要满了。"第八分钟的时候，阿哲又说："老师，我真的不行了，快点。"他看起来几乎想要放弃。我赶紧走到他面前说："加油，坚持，你能行的，我们还差一点点了。"于是他又多坚持了几分钟。十几分钟的时候，他说："老师，怎么还没满，我衣服都湿透了。"我看着他汗流浃背，上前为他擦拭了额头的汗水说："看到没，最后这一桶就来了，再坚持一下，就满了。"他咬了咬牙，最后耳边响起一阵欢呼。

我笑着对他说："你看，你不是行的嘛！"他高兴地露出了八颗小白牙。

分　析

为什么我们那么容易被环境所影响？为什么当初的那种坚持不能持之以恒呢？积水成渊，小事情常常隐含大道理。

成功贵在坚持，半途而废、一事无成，就是因为没能一直坚持到底。为什么愚公移山的故事一直被人们传颂，不是他有多么伟大，而是他的那种锲而不舍、坚持不懈的精神令人敬佩。你可能不知道，你现在坚持的一秒，可能会改变你的人生；你可能也不知道，你现在放弃的一秒，可能你的人生就从此远离梦想。

教育是一个漫长的过程，对待孩子，我们需要更多的耐心和毅力，铁杵不是一天磨成针的，教育孩子也不是一天就可以成功的。孩子还小，不免会有意志薄弱的时候。如果连我们自己都不坚持了，又如何能够期望孩子能一如既往地坚持走下去。教育，本身就是一项持久的工作；学习，也是终身的。我们都知道养成一个习惯需要21天的时间，况且是培养一个小孩，他的成长更加需要我们用一生去陪伴和教育。

量变引起质变，这个道理我们谁都懂，而又有几个人能够做到。有些家长某日因为工作累了，就疏忽了孩子这一天的教育；某天孩子不听话跟同学打架了，家长就生气不想管教他了；某月因为孩子小考没有拿到前几名，就放弃了对孩子的鞭策。请问：孩子有多少个某日、某天、某月？等他们都大了，你才来后悔当初没有多坚持一下，多管教一下吗？我想到那个时候，就已经迟了。伟人的成就，就在那一刻的坚持，那一刻你坚持了，你就伟大了。

结　果

　　我们没有放弃阿哲，每次都会鼓励他，让他再坚持一会，再坚持一下。我相信只要我坚持了，阿哲也是可以的。然而确实他是行的，我们看到了他的改变。

　　闭营的时候，我把团体游戏竞赛的事情告诉了他妈妈，他的妈妈对我们非常感谢。临走前我也告诉阿哲：只要他今天做得比昨天好一点，那么他就是在不断进步。其实，结果并不那么重要，至于成功，那是以后迟早会来的。

专家点评

　　能成就大事业的人，必定意志坚强，能战胜自我。目前，不少孩子意志薄弱，做事难以坚持。家长的过度保护是造成孩子意志力欠缺的重要原因。过多的呵护，让孩子缺乏磨炼意志的机会，难以得到教训和经验。经历过挫折，才有能力摆脱困境；战胜过困难，才会对自己更有信心。别把孩子当婴儿，让他们吃点苦吧！让孩子承担应该承担的责任，完成应该完成的任务。他们的身体、智力、意志品质都会从中得到锻炼。

（蒋亚辉：广州市教育研究院德育与心理教育研究室主任）

从小事做起

>> 曾伟良

案 例

小明（化名），八岁，第一次离开父母参加校外教育活动。入营前一天，妈妈按通知要求帮小明准备行李，有的做了标记，并嘱咐小明要带回来。

兴奋得睡不好觉的小明，带着激动的心情来到营地。完成团队建设分好组，在老师的带领下入住房间（二至四人一间房），辅导员老师交待孩子们如何使用房间设备，指导物品如何摆放，并让孩子清点好随身携带物品。

为期七天的冬令营，精彩纷呈，但很快就过去了，孩子们在老师的催促下，依依不舍地收拾行李离开营房。在车上，老师反复询问物品是否带齐，同学们异口同声回答，"带齐啦！"

在返程途中，营地来电：某房间落下水杯、袜子、内裤；某房间落下毛巾、雨伞、电筒等。同学们你看我一眼，我看你一下，不约而同地哈哈大笑起来。

老师告诉营地的工作人员：将遗落的物品快递过来。在快递没到时，同学们被家长接走了。回到家里，小明妈妈盘点着小明带回的行李，发现遗落三件物品。于是，打电话告诉了带队老师。

分 析

　　每次组织小朋友外出参加校外活动（需住宿），我们都要将小朋友遗落在营地的物品拍照上传QQ群"公示"，请家长认领。生活上，同学们丢三拉四，无论如何提醒都不管用。

　　入营时对携带物品清点，离营时对携带物品盘点，开车前反复提醒，仍然会出现遗落物品的现象。年纪小是个原因，但同营八至九岁的队员还有六名，他们就没出现这个问题。

　　随着孩子一天比一天长大，家长要训练孩子学会自力更生。如果小明自己准备行李，带什么物品印象会深一些，收拾物品时会更清楚一些，物品遗落就会少一些甚至不会发生这种情况。遗失小物品，事情虽小，但是长此以往，孩子养成做事不认真、丢三落四的习惯时，问题就严重了。

结 果

　　针对很多孩子遗失物品的现象，我们提出了要求：孩子外出尽量自己准备行李，如果是家长协助准备的，要让孩子知道自己带了什么。孩子入营后进行行李确认并要求有序摆放。孩子离营后要认真查房。如果做到这三点，还有孩子遗失物品，辅导员会提出批评。

专家点评

　　此案例是非常典型的孩子自理能力差的体现。在本案例中，小明在冬令营老师们的一再提醒下，还是丢三落四，遗落了很多自己的物品。遗落东西看似是小事，家长往往持着"旧的不去，新的不来"的态度来安慰孩子，但是这种纵容会害了孩子，会使孩子的自力更生能力迟迟无法得到提高。父母不能跟随孩子一生，不能帮助他做所有事情。我们只有培养孩子自力更生的能力，他才会真正的长大。

（肖宇勇：广州市越秀区文德路小学副校长）

鼓励胜奖励

■ 很多家庭习惯用物质来奖励孩子，小则送礼物，大则出国旅游。其实精神上的鼓励，不仅成本低，效果可能比物质性的奖励更好。从下面的案例中，我们可以看到，当孩子受到精神上的鼓励时，他们是多么的开心。

—— 曾伟良

一席话改变了他

>> 曾伟良

案 例

小强（化名）的妈妈从朋友圈获悉：广州市团校举办的夏令营，主题好，内容丰富，兼带公益性，费用低，就为读五年级、十岁的小强报了"学习力与应试力"智力提升营。

小强带着好奇和期待，来到了营地。等到活动开始，小强才发现，原来这里不止有学，还有玩。学习之余的各种游戏让同学们玩得尽兴。有的同学在营地非常开心，连向父母报平安都忘了。

小强是带着"任务"来的，作为夏令营暑假作业的一部分，营员每天要写日记，可是他一点儿也不喜欢这个任务，因为自己作文太差了。于是每天晚上大家写作业的时候，小强便开始和日记"搏斗"。

鼓励胜奖励

看到小强晚上写日记时愁眉苦脸，辅导员老师过来询问。得知原因后，老师建议小强先把每天发生的事情记录下来，再挑重要的部分展开写。

小强似懂非懂地点了点头，于是记下每天都玩了哪些游戏，但总觉得这样日记有些太短。一天早晨随营老师训话时，小强突然发现，对了，也可以记下老师的训话嘛！于是，每天的训话就出现在小强的日记本上了："学习问题不能过夜""世上最公正公平的是时间""爱面子会害自己"……

早上听一次，晚上回忆一次，小强对这些内容有了更深的理解。记着记着，小强也在想，以后我们是不是也应该学习不能过夜？每天强制自己做完？每天……

转眼这次夏令营就到了尾声，最后一晚，辅导员老师和营员们分享感受。老师问："大家觉得这次夏令营最大的收获是什么？"有营员举手回答："野战最过瘾。""除了野战呢？""还是野战。"下面一阵附和声。小强沉默了一会儿，撑着腮帮子仔细地想了一下，举手站起来说："其实一开始我也是这么觉得的。但现在，我觉得有一点不一样了，我还是很喜欢野战，但是我也很感谢每天讲话的老师，因为我觉得我从老师的讲话中学习到了知识，虽然有些也不是很懂……总之，我很喜欢这次夏令营！"

分 析

一个人的成长会受很多因素影响。也许一本书里的某段话，学校里某位老师的一席话，甚至亲人的一次教导都会对人的一生带来深刻影响。同学们的每一次进步，来自两种力量。一种是自身的内力，另一种是外在的推动力。从小强的进步可看出，老师的训话是推动力，小强的行动是内力。有些同学只靠内力也能奏效，有些同学却需要推动才见效。一位好的老师或家长，是名言的缔造者，更是行动的实践者。他们是孩子们的标杆和榜样，他们的一言一行对孩子的思想产生着重要的影响，对孩子的人格塑造也起着不可忽视的作用。同学们是接受引导的，关键是引导者的言语要能打动人，要言之有理，不能假大空。另外，聆听者要静下心，在讲话中提取对自己有帮助的元素，付之行动并持之以恒。

结 果

【潜水】小强妈妈 20:50:26
儿子夏令营回来变化很大呀。

【活跃】凉风伴心 21:06:11
好乖吧。

【潜水】小强妈妈 21:06:38
是的,也变得积极学习了。

(上述对话来自"书香少年中国梦"家长群)

专家点评

  这一案例反映了一个事实,对低龄学生的教育,"在玩中教,在教中玩"应是有效之道。辅导老师把道理融入夏令营的活动中,小强就记住了,慢慢理解了,还努力去践行。当然,"讲道理"必须因材施教,对症下药,切忌假大空和千篇一律。

(邱服兵:广州市团校校长)

奖励带来这样的结果

>>> 陈晓霞

案 例

小森（化名），一至五年级学习成绩很好，在班里是第一名，在年级里是前五名。父母对他非常满意，他也从未上过补习班。父母为鼓励小森，奖了一台笔记本电脑给他。有了电脑的小森，放学回到家，除了吃饭，很少离开自己的房间，后来甚至关着门。父母私下议论：早知道儿子有了电脑变得这么乖，早点买更好了。

有一天，小森妈妈参加家长会，才知儿子的学习成绩一落千丈。会后班主任叫小森妈妈留下。班主任惊讶地问："孩子这段时间怎么了？"小森妈妈才醒悟过来，原来是笔记本电脑害了他，孩子已经沉迷电脑游戏不可自拔。

小森的父母为了恢复他的学习状态，没收了电脑。并趁暑假把儿子送到广州市团校这个大熔炉锤炼，报名参加"少年行为导向"特训营。

在营里，小森年龄最大，个子最高，显得有点另类。开始时，他对活动有点不在意，像是一名旁观者，并到处打听哪有电脑。随营辅导员立即与小森妈妈取得联系，问他在家在校的表现。

分 析

家长对孩子的管教，奖励胜过批评。奖励要从两方面考量：一种是物质奖励；另一种是精神鼓励。很多家长倾向物质奖励，忽视精神鼓励。这样无疑会导致孩子只重视物质，在获取物质奖励时和家长讨价还价。久而久之，不利于孩子健康成长。科学的方法应该是以精神鼓励为主，以物质奖励为辅。在实施物质奖励时，要注意物质奖励的两重性，不当的奖励会适得其反。

互联网时代，电子产品给人们的生活带来许多方便，也给正在上学的小学生提供一条新的学习渠道。各类电子产品自然成了家长奖励孩子的首选。在电脑已成为人们学习、工作、生活的必备工具的今天，禁止孩子用电脑是不现实的，但在使用电脑时却利弊共存。如何预防孩子沉迷电脑游戏是家长和老师要共同面对的新课题。

家长在承诺给孩子奖励时要注意奖品的合理性、实用性、教育性，切忌任孩

子选择。若送电脑一定要引导和监督。在这个案例中，家长和老师配合，采取了以下措施：

（1）换个环境。案中的小森妈妈从家长会得知孩子学习成绩下滑的情况，没打没骂孩子，而悄悄把孩子送去参加夏令营并将实际情况告诉随营老师，让孩子在新环境找到新乐趣。

（2）分配重任，激发上进。随营老师铭记小森妈妈嘱咐，推荐小森担任队长，让其在承担营务工作中找到新的兴趣点。

结　果

小森带着新认识投入活动中，并主动打电话对妈妈说："多谢你们把我送来参加特训营，原来外面的世界这么精彩！原来现实的生活比虚拟的生活更诱人！"他还表示，以后不再沉迷电脑游戏，希望下次还能参加广州市团校的青少年校外活动。

专家点评

管教孩子必须奖罚分明，同时要注意奖罚的内容和方式。在进行物质奖励时，要把握好度，并避免物质奖励可能带来的负面作用。正如案中提及的小森，父母为鼓励他，奖了一台手提电脑，由于没有意识到手提电脑既是学习的辅助工具，也是沉迷游戏、网络的便捷工具，在孩子使用过程中家长又缺乏监管和提醒，奖励反而成了不良习惯的物质基础，确实值得反思和借鉴。

（邱服兵：广州市团校校长）

天使的微笑

>>> 全 艳

案 例

为期七天的"小眼睛看大世界"点赞营中有位小女孩，给我留下了很深的印象。她叫乐乐（化名），名如其人，她很爱笑，天真的笑容经常挂在脸上。笑起来就露出洁白的整整齐齐的牙齿，如太阳照亮了自己，也温暖了他人。

但乐乐的心情也如晴雨表一样，变化万千。有一次，我们在玩一个叫作"我们一起站起来"的团体游戏，同学们手挽着手，背靠着背，盘坐在地上，老师一声令下她们就要全部同时站起来。开始两三个人，后面渐渐人多了，难度也大了，到最后整个团队加入进来，完成一整套动作，这时孩子们有点累了，乐乐的情绪也有了变化。休息片刻，孩子们纷纷要求玩另外一个游戏"南瓜蹲"。这时乐乐不高兴了，闹着说自己不玩这个，不要玩这个。见她这样，我说："同学们都说要玩这个，大家可以相互迁就一下，我们是一个团队，尽量少数服从多数，好吗？"乐乐的眼泪哗啦啦地流了出来，一个人默默地走出了教室。

分 析

乐乐给大家的感觉，是一个有着天使般微笑的孩子，是一个拥有阳光心态的孩子，是一个愿意与大家分享快乐的孩子，然而她竟然会因为一次不顺心而哭闹。

在成长道路上，让孩子拥有乐观的心态是非常重要的。孩子都有自己的个性和脾气，我们不应该从一件小事上就看低了孩子。一件事情是无法看出一个人的本性的，但是，我们也不能忽略一件小事。因为量变会引起质变，如果这种小事发生得多了，等我们察觉时，一切就晚了。每个孩子或多或少，在成长的路上都会遇到一些问题，当问题来时，需要的是冷静对待，找出原因，寻找方法，引导改进。

后来我了解到，原来，每次玩游戏的时候有几个女生总是要求按照她们的意思玩，如果不行，她们就不玩。所以乐乐觉得每次都是自己谦让，而她们却不这样，所以觉得心里委屈，愤愤不平。

结 果

乐乐的这次哭闹是有原因的。我告诉乐乐三个道理：一是谦让他人，要是自己乐意的，而不是为了得到回报。世界上的人那么多，然而却总有人奉献，也总有人不图回报，你有权利选择你想成为哪种人；二是每个人都没有权利要求别人应该怎么做，但是你却可以选择你的朋友是怎样的人；三是做一件事，只要是自己高兴的和乐意的，不要那么注重结果，因为你得到了世界上最美的东西，那就是"天使的微笑"。

乐乐好像明白了，她止住泪水，带上微笑，回到了教室。

专家点评

本案例的主人公乐乐在特训营中经历的事情，让我们深深体会到教育孩子一定要教会他们有积极乐观的态度，面对一切事情尽量要微笑。但是，同时也要引导孩子，让他们知道不经风雨哪有彩虹！面对风雨和磨练我们同样要用积极的心态来化解。现在的社会其实并不缺乏高智商的人，但是高情商的人却比较缺乏，情商的培养要从小抓起。案例中的辅导员对乐乐的引导非常得体，也很好地缓解了她的情绪。希望为人父母也能这样，把积极的、乐观向上的人生态度传递给我们的下一代。

（肖宇勇：广州市越秀区文德路小学副校长）

让孩子幸福

>>> 唐 妍

案 例

社会竞争压力日益激烈，消费水平不断上升，父母日夜在外奔波，工作繁忙，我想父母与孩子是很难得有在夏令营这七日的亲密相处机会的，看到他们的一张张笑脸，有的稚嫩，有的成熟，那是多么温馨而令人愉快的场景呀！

记得有一天，我们安排了爬大雁山的活动，一家一户，整装待发。一大一小，一老一少，就这样我们的大部队开始出发了，我也随行跟在其后。耳边不时传来各种各样的关切声，父母说："爬那么久，累了吗，再坚持一下，我们就到山顶了。"孩子说："爸爸，那山好漂亮哦，那树好高哦，是什么树呀？"各种各样的交流汇成一股暖流在我的心中荡漾，仿佛一首动人的歌声。有这样一个家庭的小男孩，同行一路下来，他总是有说不完的话，问不完的问题："爸爸，那个佛是什么？它是从哪里来的？它会跟我们人一样老了会死吗？它住在天上吗？""爸爸，为什么鸟儿是在天上飞？如果我也有翅膀，会不会像鸟儿一样也飞起来？"……孩子总是有问不完的新鲜问题。每当小男孩提问的时候，我总是会好奇：他爸爸会怎么回答他？我也会为小男孩担忧：如果小男孩就这样一直问下去，他爸爸会不会不耐烦，然后对他发火？每问一次，我的心就咯噔一下，然而我担忧的始终没有出现，我对那位父亲也心生敬佩。

分 析

好奇是每个孩子的天性，然而孩子的天性能够维持多久？这与父母的细心呵护、耐心教导是分不开的。此案例中，小孩的天性得以发挥得如此之好，我想与那位可亲可爱的父亲是紧密相关的。现代教育中，有一个话题一直是老师和父母都关注的，那就是现实与理想。简单地说，就是教育孩子时，我们是应该告诉他们现实的残酷竞争，让他们在困难中磨练？还是应该给他们多传达一种积极美好的理想，给他们一片纯真美好的心灵？

现实和理想是永恒的话题。人们常常讲"舍得"二字，有舍必有得。那么，现实与理想是如此的水火不容吗？为其一就要完全舍弃另一个吗？我认为不要纠结于选择现实还是理想，因为无论选择哪一个都是痛苦的。故重要的是考量两者

间的分量。其实，做一个成功幸福的人是很简单的，只要做到不同的年纪做不同的事，承担不同的责任，如在孩子的年龄就做孩子的事，孩子此时是追梦的时候，正是对世界一切美好事物充满好奇的时候。

树立正确人生观是最重要的。衡量一切事物的标准在于真理，而教育的真理在于不断探索。教育不分国籍，不分种族，那么教育孩子或者衡量教育孩子的标准也不是统一的，但是却是同一的。所谓同一，就是什么时期做什么事，什么年龄有什么样的性格，什么年纪有什么样的成就。我认为每个父母都是希望自己的孩子是一个成功者，但也同时希望他是幸福的。

结 果

亲子营不仅增进家长与孩子的感情，而且供给彼此畅聊的机会。亲子关系融洽，孩子更容易感觉到幸福。

专家点评

案例中"儿问父答"的案例，其父做得非常好。好在做到一名聆听者、一名引导者。从而，使儿子更信赖父亲。作为父母，我们应该让他们勇于去追梦，去寻梦，因为梦想对于孩子来说，太重要了。它的无穷的魅力，对孩子的成才具有巨大的牵引力和激励作用。儿童心理学家认为："梦想是孩子自我形象的理想化。"鼓励孩子追梦，孩子就会产生一种动力，在面对困难时，他们就会主动地去克服困难。我们都知道爱迪生、毕加索、达尔文等成就卓越的人，他们在童年时期，都有一个绚丽多彩的梦想，他们一生为之奋斗的目标就是早日实现他们的梦想，因此，他们成功了，而且也非常幸福。

（曾伟良：广州市团校青少年校外教育资深导师、主任）

鼓励孩子扬起自信的风帆 >> 唐 妍

案 例

为期七天的"友善天使 点赞广州"的创作营里，在团队组建的时候，一位沉默不语、腼腆的大男孩给我留下了深刻的印象。

在出发南沙之前，所有的小队在团校的影视厅进行团队组建，而团队组建的第一步，就是在他们之中选出一名队长，当所有的孩子自我介绍完之后，我问："有没有同学自愿想当队长的，在接下来的七天负责带领我们小队好好表现呀？"在那群起哄的大男生里，他们互相指着对方说："老师，他最大，他想当，他想当，就是不敢举手。"我看了看他们所指的那个男生，他个子不算高，在刚刚的自我介绍时声音也不算洪亮，看起来比较害羞、腼腆，当同学都开玩笑指着他的时候，他的脸一下子就红了，低下头，显得十分不好意思，从那个男孩的眼神里，看得出他非常想当队长，很想证明"我能行"。

我走了过去，用试探的口气跟他聊了聊天："你今年多大了，上几年级？"他告诉我，他十五岁，刚刚初三毕业，马上就上高一了，因为暑假时间长，所以

来参加夏令营放松一下。我对他说:"刚刚选队长的时候,同学们都指着你,要不试试吧?锻炼一下自己!给自己一点信心!"他听了我的话,叹了一口气,说道:"谢谢老师,但我觉得我自己不行,你还是选其他人吧。"说到这里,我和另外一个辅导员并没有打算放弃,于是走近他身边,拍着他的肩膀说:"不试一下怎么知道自己行不行呢?试都没试过,就开始放弃,我不相信你是一个这么容易认输的人!"说完,我又拍拍他的肩:"加油!我们看好你!"这次,他点点头,不再推辞了。而在这整整七天里,团队组建仅仅是他迈出"自信"的第一步。

分 析

现代社会是一个快节奏的社会,也是一个竞争压力大的社会,在这种快速运转的节奏中,许多父母都望子成龙,望女成凤。寒假暑假,他们给孩子报补习班;周六周日,他们让孩子上特长班;在学校,又要求孩子考高分,拿第一名,生怕孩子输在起跑线上。一旦孩子做得不好,就指责他,责骂他,甚至进行"体罚"。这种"灌输性"的教育方法真的能够和孩子有效"沟通"吗?真的能够帮助孩子成为一个自信而又成功的人吗?

培养一个孩子,需要一种正确的方法,既能够跟孩子有效地沟通,又能够真正地在孩子成长的道路上给予帮助。孩子不是一个"被要求"的对象——仅仅是机械地去完成父母的要求,实现父母的期望。相反,如果用鼓励这种有效而又积极的方式去跟孩子沟通,鼓励他,赞美他,帮助他,会让他对自己的能力有所认可,相信自己,从而做得更好,从"被动"变为"主动",成为自己人生的"小主人"。在教育孩子的过程中,我们不仅要引导他们,更要学会倾听他们的心声,从而找到合适的方法去跟他们沟通,而这种方法就是鼓励,而不是强迫他们按照我们的指示去做一些事情。鼓励有时候也要掌握好度,孩子们做得好,我们要赞美他,但注意不要过度吹嘘,避免孩子产生骄傲的心理;孩子做得不好的时候,首先我们要指出他的不足,言辞不要伤害到他,之后去鼓励他,让他在挫折中学会乐观和积极。无论是逆境还是顺境,鼓励是孩子成长道路上不可缺少的动力,学会鼓励孩子,尊重孩子,赞美孩子,这样孩子们才会变得相信自己,不断成长,一步步迈向自信和成功!

结 果

在接下来的几天里,这个男生表现得很好。集队的时候,有序快速地组织同学们,声音洪亮,早上主动早起为同学们拿早餐,有责任,有担当。他做得好的时候,我们会毫不吝啬地表扬他,让他多一分信心;做得不好的时候,我们也会指出来,帮助他改正,使他以后做得更好。在最后的汇报演出中,他不再胆小害羞,带领小队成员放声歌唱。他在认可自己的过程中,不断去改进自己,努力进取,最后他真正地成长了,自信了。

专家点评

案例中,老师在整个事情的处理上,观察仔细,尊重孩子,倾听孩子的心声,耐心引导。孩子做得好的时候,及时肯定他的行为,肯定他的努力,让孩子获得成就感、满足感,提高他的自信;做得不好的,支持改正,促使并帮助他提高自己的能力,一步步引导孩子进步,真不错!

成长的过程中,允许并包容孩子犯错,会给孩子不断向前、源源不断的力量。研究显示,肯定性评价会使孩子获得愉快的心理体验。经常被鼓励的孩子,自我价值感会上升,自信心会增强。同时,当他们面临选择时,更愿意选择具有挑战性的任务,也更愿意挑战自己。

(杨秋苑:广州市康复中心心理科副主任医师、心理治疗师、注册心理师)

夸奖是一门艺术

>> 蓝露璐

案 例

我们这次"三识伴我成长"特训营中只有三位女生,小廖(化名)是其中一位长得较高挑的女孩,十岁,笑起来有两个小酒窝,很可爱。平时在队里虽然不积极,但愿意配合老师的活动,我们发现她日记写得特别好,游泳也很厉害。

在一次家长探营中,因为她父母不知道有亲子活动,提前回去了,小廖知道后情绪很激动,哭着要她妈妈第二天再来,妈妈刚好第二天要上班,犹豫着要不要过来。她妈妈告诉我们,小廖是一个很自卑的孩子,总觉得自己什么事情都不如别人。我承诺会安抚好小廖的情绪,她妈妈最终决定不过来了。

分 析

夸奖是一门优雅的艺术,它对孩子的成长发挥着积极的作用。孩子的心灵都是比较敏感脆弱的,容易受伤害,也容易满足。团体活动中,孩子发现家长不在场,其表现得不到家长认可,会引发情绪波动。而父母的一句夸奖就能让小孩欢呼雀跃,让小孩有成就感。

其实所有的人都需要得到认同和肯定。要想让孩子拥有健全的人格,既要让他们有受挫折和失败的经验,也需要有成功的体验,所以父母要学会对小孩做适当的精神奖励。每个小孩都渴望得到别人的赞许,赞许比指责更有效,赞许有利于建立孩子的自信心。如今的父母对孩子都有着较高的期望,孩子如果做得不让家长满意,家长就会对孩子进行指责,说自己的孩子没有别人家的孩子聪明。这样的埋怨和指责不利于孩子自尊心的培养,也不利于孩子的进步和成长。过多的指责会造成孩子自暴自弃,失去自信,导致他们不思进取,甚至还会使他们撒谎掩盖自己的错误,做出极端的行为。对小廖的案例,我们采取了一些教育措施:

(1)让她妈妈知道小廖的真实情况。据我对小廖的了解,小廖在我们队伍里和其他小伙伴相处得还是很开心的,也会主动和同学、老师交流,她妈妈明显对小廖很不了解。

(2)创造一个良好的环境与小廖沟通。为了照顾小廖的情绪,我们提前一天去游泳,当听到能游泳,小廖非常开心。知道我不会游泳时,还主动说要教我。

当我问她，妈妈知不知道她游泳很厉害，她却说不知道，她说妈妈就会指责她，不管她做得有多好。以前她很愿意和妈妈分享自己的喜怒哀乐，可是妈妈更多时候会说她这不好那不好，小廖觉得很烦，干脆什么都不和妈妈说了。

（3）适当的时候对小廖进行夸奖。当她日记写得很不错时，我会在全队表扬她并奖励她小红旗，当她有时因为马虎写错很多字时，我会和她说老师觉得你应该可以写得更好。果不其然，她下一次的日记明显会好很多。

结 果

我们适时地夸奖小廖，让她知道了自己的特长和不足，令她能够正确地认识自己，不会那么自卑了。在夏令营结束时，小廖对我们恋恋不舍，说下一期还要再来。

专家点评

对于孩子的管教，使用正激励方式会产生意想不到的效果。但对孩子的肯定或夸奖，要注意场合、尺度，并力求实事求是。正激励也并非回避矛盾，更不能粉饰缺点和错误。如果出现问题，则必须严肃指出，客观分析，坚决改进。

（邱服兵：广州市团校校长）

怕被批评而撒谎

>> 蓝露璐

案 例

小路（化名），十一岁，有一双大眼睛，看起来是一个很机灵的小女孩，平时在队里她能积极主动配合老师的活动。

在夏令营期间，有一天下午集训时，小路和她同房间的一个女孩迟到了，小路说，那个女孩头晕，她一直在照顾她，帮她涂药，所以迟到了。当看到那个女孩嘴唇发白，眼神迷离，我们觉得小路反映情况属实。我准备带那个女孩去找医务姐姐，并告诉大家，下次有事要找老师。路上，那个女孩一直在抠手指，我以为她不舒服，爸妈不在身边所以害怕，便停下来，摸了摸她的头并说："不要担心，老师会带你去医务姐姐那，老师会像妈妈一样来保护你。"

听到我这么说，那个女孩哭了。我还以为她是太感动而哭。谁知道她却说："我们是睡迟了，不是因为我不舒服，是小路教我一起撒谎的，她说这样就不会被老师骂了。"我一下子懵了，并思考小路为什么会撒谎？

分　析

　　小孩子撒谎常常是因为心里害怕，为了掩饰自己的错误，不被责罚。他们选择用撒谎这种有偏差的方式对自己进行"保护"，而这样只会让他们走上"弯路"。

　　为了防止孩子往这个方向发展，我们应该找到问题的源头。孩子一出现问题，父母就对其进行责骂，孩子自然会想办法掩饰，用撒谎规避责骂。所以，我们应该换位思考，站在孩子的角度，多去表扬孩子的优点，扬长避短。

　　要想让孩子不再有害怕的心理，甚至撒谎，家长应为其提供一个宽容的教育环境。责骂对培养孩子的自律性没有一点作用。当父母一味责骂孩子时，孩子的注意力只会放在"责骂"上，而不会去想你为什么骂她，骂完之后，她更多会想，下次我做错一定不会让你知道。

　　Straus MA等调查发现父母对孩子进行肉体处罚会导致儿童日后反社会行为发生率增加。尽管儿童在受到体罚后可能会立即按照父母的要求去做，但他们并没有学会父母所期望的良好行为，因此父母必须进一步使用威胁或更重的体罚来维持现状。但如果父母对子女的不良行为不管，子女对自己的正确行为得不到正强化，对不良行为得不到负强化，也易产生问题行为。

　　美国作家伊丽莎白·潘特丽曾经说过："孩子出生时是一张白纸，他需要你用心在上面填满爱，这样，孩子的善良天性才会被呵护，进而指引他变得越来越好。"家长平时要注意自己的言行举止，其实孩子会把我们说过的话牢牢记在心里，把我们当成榜样，家长应该多用正面的语言去鼓励孩子。对于这个案例，我们采取了以下的教育措施：

　　（1）深入沟通。知道事情真相后，我没有马上去找小路指责她，而是在一次晚饭后，我特意找她出来，和她说起这件事情。我发现原来她在家就经常撒谎，因为她之前做错事和爸爸说实话，爸爸知道后只是责骂她。她五年级时考得太差，不知如何向父母交代，因为知道父母很少和老师沟通，她就自己篡改了家庭报告，全部改为A。

　　（2）用行为告诉她，人非圣贤，孰能无过。有一次，我错怪了一位小朋友，就在全队面前向他道歉，并告诉他们每个人都会犯错，包括老师和父母。有时孩子们犯错，我们会指出他们的错误，只是想让他们明白他们这一行为是错误的，是为了培养他们的是非观。我们也会奖励那些之前表现不好，后来很配合老师活

动的小朋友，让他们知道知错就改是可以受到表扬的。

（3）和她父母沟通。由于父母很少和她沟通，她父母不知道她经常撒谎，还以为女儿很优秀，殊不知是女儿用撒谎掩盖了很多事实。

结 果

一番教育后，小路认识到自己的不对，说以后一定会改正，并且表示以后有什么事情都愿意和父母沟通，而不是一味地撒谎。夏令营的后几天，我发现她都没有再说谎了。

专家点评

本案例是典型的由于父母和孩子不正确的沟通方式造成了孩子喜欢撒谎的恶习。案例中的小路，因为之前做错事和父母说了实话，却遭到责骂，从此以后便不喜欢和父母沟通，而是选择了"瞒天过海"的方式和父母相处。这种行为多亏在夏令营被辅导员发现，并做了正确的引导和教育。否则长此以往，孩子会因为惧怕父母的责骂，而父母也忽略了积极主动地和孩子沟通，而导致孩子走上一条不正确的路，这是我们教育工作者最痛心的事。希望父母和孩子相处时，多鼓励孩子，多发现孩子优点，尊重孩子，爱孩子，对孩子的不良行为用疏导的方式来化解，这样孩子才能够健康、快乐地成长。

（肖宇勇：广州市越秀区文德路小学副校长）

表扬是个技术活

>> 杨佐强

案 例

为期七天的"五识伴我成长"人格魅力塑造特训营里,我经常表扬孩子们,比如:晨跑坚持跑完的,我会夸他们好棒;中午按时午休的,我会夸他们真乖;规定时间内没看电视的,我会表扬他们真诚实。总之,只要是值得肯定的我都会表扬。

慢慢地,他们开始得意起来,受惯表扬的他们开始接受不了批评。吃饭时把饭菜打多了,我叮嘱他们吃完,他们便不开心,就不吃了;衣服搭在洗手间,人却一直在厅里看电视,我上前关了电视,他们便不开心;检查他们的日记,夸一个人字写得好看,另一个人便不爽,"哪有我的好看"。

我只是指正了他们的不足,他们便这么大的抵触,是我做错了吗?对,是我的表扬导致的,一味的表扬对孩子会起负面作用。所以说,表扬真是难度颇高的技术活啊!

分　析

现实生活中，家长明白表扬会让孩子更自信快乐地成长，所以"你真棒""真聪明"已经成为家长表扬孩子的口头语。须知，表扬是个技术活。是毫无原则地对孩子的种种行为笼统称赞？还是就事论事地表扬过后，再与孩子回顾总结？这两种方式得出来的结果大有不同，您是属于哪一种呢？

表扬孩子本人而不是表扬孩子的行为，没有赞扬孩子真正需要被赞扬的原因，产生不出赞扬的效果，反而有可能弄巧成拙，导致孩子滋生骄傲自满的情绪。很多父母在表扬孩子的过程中，往往会用"你真棒"一句带过，并不对孩子的具体行为做出表扬。其实，这是不正确而且是没有效的表扬方式之一。上面的案例，无疑是表扬孩子太多，只表扬不批评，没有注意要掌握适度的量，没有注意要带有适当的批评。

有一个经典的例子：一个中国人去拜访外国学者，带了点礼物送给他的小女儿。见了面，小女孩主动问好，并对友人赠送礼物表示感谢。友人见她满头金发，极其美丽可爱，随口夸道："你真漂亮！"等小女孩走开后，学者严肃地对他说："你伤害了我的女儿，请你向她道歉。"友人大惊。学者说："因为你的赞美是不恰当的。你可以夸她懂礼貌，那是她通过努力应得到的表扬。而容貌的美是先天的，不需要通过努力就能获得。你夸她漂亮，这就会使她错误地认为：要得到别人的赞赏，并不需要努力，而是先天决定的。这对她今后的发展是不利的。"最后友人向小女孩真诚地道了歉，并夸奖了她的礼貌。

这个小故事就是一个很好的证明。家长对孩子的表扬方式和方法很重要，因为它有助于培养孩子良好的习惯和增强孩子的自信心。笼统称赞、表扬过多和表扬孩子的本人并非表扬孩子的行为等，是没有效的表扬，是会给孩子带来负面影响的表扬。唯有对事不对人，表扬和批评前后一致，孩子才有可能建立起更明晰的是非判断准则。由此可知，正确的表扬和鼓励可以促进孩子自信心和自尊心的发展，错误的表扬和鼓励则可能使孩子骄傲自大，目中无人。所以说，表扬真是难度颇高的技术活呀！

结 果

在本次夏令营结束之后,我一直在深思这个问题,明白这种过度、泛滥的表扬带来的危害肯定远远不止这些,或者会给孩子带来自负,又或许削弱他们的自尊心、荣誉感和进取心。本来以为对孩子表扬和鼓励,是在帮助孩子建立自信心和提高自我认知,是在肯定孩子和给予爱,结果恰恰相反,盲目的表扬则会给孩子带来虚荣以及傲慢。吸取了此次教训,我便开始学习把握好"表扬"这个"度",慢慢地掌握这项技术。

专家点评

教育工作应高度尊重和发展学生的主体性,以欣赏和鼓励的态度看待孩子的成长。这样的观念和态度能让我们真切地感受和发现孩子点点滴滴的进步。而观念和态度是渗透于我们与孩子相处的细节中的,往往不言而喻,能从内心深处感受到。蹩脚而笼统的表扬有时会让人感觉像是一种管理手段,与使用动辄批评指责的办法制造严厉感其实是一个硬币的两面,不是发自内心,因而也不利于对孩子进行"人格魅力的塑造"。

(熊少严:广州市教育科学研究所原研究员、编审)

别说我没用

>>> 林金凤

案 例

  2015年市团校组织的夏令营里，我带领一群孩子开展活动。在过程中，我留意到了一个个子小小、不爱说话的小男孩，他在日常的活动中，显得非常被动，总是需要辅导员的介入，他才会加入到活动中去。尤其在一些需要挑战的项目上，显得尤其怯懦，常用不同的借口去逃避。

  在我们做项目时，他总是喜欢走在人群的最后。平时的游戏中，他也基本是不声不响。在我们的一次小竞赛活动中，他选择了逃避，不愿意参加比赛。我去和他聊天，问他为什么不愿意参加，他的表达有点混乱，从中我听到最多的就是"老师，我不行的""我会输的""我做不到的""我不可能完成的"等相近意思的表达。而且他还不断地摇头，摆手，低头看地面，不愿意和我对视。在对话中，我捧着他的脸，让他看着我，直到他的眼睛肯和我对视，然后我再带领他一起做深呼吸，让他的情绪稳定下来，然后再和他聊天。在聊到他为什么会觉得"自己做不到的"这个问题时，他的回答里面包含了他"成绩不好"，所以觉得自己什么都做不好。爸爸妈妈常说他没用，经常连小事都做不好。他不喜欢在人前表现，觉得自己搞砸了会很丢人。

分 析

我不知道有多少家长，曾这样说过自己的孩子："你真没用""你除了调皮捣蛋，到底还会些什么""我真是白养你这么多年了，这点事都做不好，你到底有什么用"。可能在家长看来，你们说出这样的话，并不代表你们是这么想的，有时是因为一时气愤，有时你们也只是想通过这样的话去激励孩子，让他知耻而后勇。但是，你们往往忽略了，孩子到底是怎么想的，到底是怎么去理解你的话的。这些话会产生很多不利于孩子成长的负面情绪、负面能量，有的甚至会影响孩子一生。

孩子到底是怎么想的，不论是家长还是老师、长辈，都不应该想当然。对于孩子的教育，我们不能只用批评教育的方法。在批评教育之后，我们还应该给孩子做好正确的心理疏导，告诉他，你究竟为什么批评他，不要总想着等孩子大了，就能懂你们的良苦用心了。当你等到孩子理解你苦心的时候，可能你对孩子造成的心灵创伤已经无法弥补了，在孩子的心里，会永远有一道伤痕。即使他能理解你，而伤害带来的影响已经太深而无法挽回了。对于这个孩子，我采取了以下的教育措施：

（针对孩子）我首先跟孩子澄清了一点，爸爸妈妈说你没用，并不是真的觉得你没用，只是因为对你有更多的期待，希望你能够做得更好，所以才用这样的言语，想要刺激你，让你努力向上，做得更好。也正因为爸妈觉得你能做得更好所以他们才那样去激励你，如果他们对你没有期待，根本就说都懒得说你了。第二，遇到问题逃避是没用的，作为一个小小男子汉，你应该要克服困难，越挫越勇。最后，我还用团队里面的例子问他，×××今天在玩穿越彩虹的时候表现不好，你会笑他吗？而且你看，大家都没有笑他，反而是一起鼓励他。所以，你也要对自己有信心！只要勇敢地去尝试了，即使失败了，也没关系的。

（针对家长）后来我跟他的家长取得了联系，从家长口中我也听出了家长对孩子恨铁不成钢的态度。我跟家长沟通，告诉家长孩子现在出现严重缺乏自信的表现，建议家长在之后的教育中，多用鼓励教育，不要一味地批评，那样会打压孩子的自信，让孩子的性格越来越内向，不利于孩子的健康成长。家长也采纳了我的意见，在当晚与孩子的通话中也对孩子做得好的地方给予了肯定，并鼓励他继续努力，表现得更好。

结　果

在之后的几天里，我们辅导员对这个孩子给予了很多的关注，在他表现好的时候及时地给予他肯定。孩子的表现也越来越好，会主动加入游戏，在游戏过程中也不再是一言不发，有时还能给团队提出好的建议，跟宿舍同学的关系也越来越好。最后回去的时候，都有个"铁哥们"了，与来时的表现大不相同。

专家点评

孩子毕竟还小，如果我们对他的行为只是一味地打击，批评，那只会把孩子往两个极端逼。一是，像案例中的孩子那样，越来越自卑，丧失对困难发出挑战的勇气，不愿意与人交往，从而形成一个恶性循环。二是，孩子破罐子破摔，尤其青春期的少男少女，觉得自己就像父母说的那样，没救了，所以就更加放任自己去堕落。上述两种情况，我相信没有家长会愿意见到，所以，我们应该从言语上保护孩子幼小的心灵，不要用过激的言语去攻击孩子。在批评教育之后，等事情告一段落，要找孩子聊一聊，跟他一起分析之前的错误为什么会产生，而不是骂完就算了。这样更有利于孩子的健康成长，使其形成良好的心态，并能够以向上的姿态去迎接生活中的种种挑战。

（曾伟良：广州市团校青少年校外教育资深导师、主任）

引导的艺术

■ 园丁需要为树苗浇水、施肥、松土、除虫，只有这样悉心灌溉培育出的小树才能够健康成长。所谓十年树木，百年树人，教育孩子也是如此，孩子就像一棵幼苗，需要家长、老师正确的引导与培养，才能够成为社会的栋梁之才。从下面的案例我们可以看出，引导是一门值得我们用心钻研的艺术。

—— 唐妍

请吃薯片的故事

>>> 曾伟良

案 例

小林（化名），八岁，男孩，在读小学二年级，个子瘦小，但很机灵，善于与人交往，生活独立性很强。在离开父母外出参加集体活动期间，当夜幕降临时分，许多同学想家哭泣，他不但没哭，还协助辅导员规劝每间房哭闹的同学，在辅导员的印象中他是一名懂事的孩子。

我们的营规有一条是要求"不带零钱，不吃零食"。入营后，进行随营物品盘点时，有些营员按要求将零钱和零食登记后交辅导员保管，而有些营员交一半留一半。小林是如实上交。

为期14天的特训营，日复一日有序进行着。每天小组互评奖红旗，前20名作为优秀营员候选人，经综合比较选出15名成为正式优秀营员。孩子们很在意优秀营员的称号，小林也不例外。

引导的艺术

但在"比学赶帮",朝着优秀营员称号奋进的过程中,小林的表现与众不同,他请大家吃薯片,讨好同学,争取多拿红旗。

小林的异常表现引起辅导员的注意。零钱和零食都上交了,哪来的薯片?哪来的钱?为了不伤害小林的自尊心,辅导员只有暗中观察。结果发现小林爱串门,饭前饭后,瞬间不见人影。结果先后有三名同学反映,零用钱不见了。

这么一来,辅导员觉得有点不对劲,便与小林妈妈沟通,将营里发生的一连串情况告诉她。"老毛病复发,同学被偷多少钱,闭营时我们还多少钱。"小林妈妈对辅导员这样说。于是,辅导员告诉被偷钱的同学:正在查,闭营时追还。

分 析

口感香脆的薯片对孩子们具有难以言表的诱惑。小林用请吃薯片来拉票,可以说很聪明,但钱来路不明。事后在家长的陪同下,找小林问个究竟。据小林交待,他以前先是被"小黑老大"索取零用钱,后拜"小黑老大"为师,仗着"小黑老大"的威风,小林也成了"小小黑老大"。有时诈,有时偷,被投诉过,也收手了。这次是旧病复发。后来,家长和老师双管齐下,对小林进行严厉批评,并要求小林带老师见他所谓的"小黑老大"师傅,从源头治理恶习。

利用威胁等方式向同年级同学或低年级同学索取钱财用来购买零食,不是什么新鲜事。社会上的恶习无孔不入地侵袭着小朋友,净化社会风气迫在眉睫。小学生在家有父母,在学校有老师,在校外还有警察,完全没有必要怕"小黑老大"。

受社会黑恶势力和不良风气的影响,"黑老大"的娃娃化值得警惕。因为"黑老大"的娃娃化,不利于少年操行的形成。为此,我们倡导"阳刚教育"。阳刚教育不只是训练出肌肉发达、勇猛好斗的身体,更重要的是培养出"阳刚"的气质、精神。我们建议增加幼儿园、小学男教师比例,增强男孩"阳刚"气质的培养。的确,如果被收取"保护费"的孩子们能挺身而出,团结起来一起向暴力宣战,可能"小黑帮"早就收手了。在学校遭敲诈要及时报告老师,如果在回家途中遭敲诈,要向路上执勤的警察求助,如果回家后遭敲诈要向家长反映。

结 果

在家长的配合与辅导员的不懈努力下,在闭营前夕追查统计了"丢失"零用钱的人数和钱数,闭营时家长也依约给回了钱。辅导员带小林私下向几位同学道歉,几位同学也原谅小林,并答应给小林一次改过的机会,不会声张。在辅导员的再三告诫和揭示后果的严重性后,小林终于感到后怕,承诺不会再犯,也会断绝与"小黑老大"的来往。

专家点评

本案例中的小林同学,珍惜个人荣誉,追求上进。个人荣誉感和"黑老大"的经历,强化小林同伴价值感。为保持同伴价值感,获得大家的认同和支持,他不惜采用错误的方法维护优秀营员称号。教育是基于孩子本身需要的服务,对类似小林这样的学生,从重新构建同伴关系入手,满足他们同伴价值感的需要,可以较好纠正他们的行为。

(蒋亚辉:广州市教育研究院德育与心理教育研究室主任)

孩子在场 父母别吵

>>> 余旨恒

案 例

在一次亲子营当中，很多家庭跟孩子一起进行混打野战活动。场面非常热闹欢快。但在野战场外，有对夫妻在吵架，他们的女儿在一旁哭泣。

那位小女孩叫莎莎（化名），因第一回合野战轮空，有点不开心。其父母就为这件事在一旁吵架。

于是，教练立刻介入。教练问："莎莎，你怎么哭啦？什么事令你不开心吗？"莎莎低着头哭泣，什么都没有说。教练接着问："是因为第一回合野战没份参加吗？"莎莎才开口："不是的。"

教练再问："那你怎么哭了，擦干眼泪，老师带你去玩游戏好不好？"莎莎停止哭并说："嗯，好的。"安抚好莎莎，教练见其父母还在吵架，便动员莎莎："你过去跟爸爸妈妈说，你不哭了，叫他们别吵了好不好？""没有用的，他们在家经常这样，我说什么都没用，还是会吵，我很多时候都不想在家了，他们好烦，我随时都有一种收拾好东西永远不回家的冲动。"莎莎的这番话，让教练倍感震惊。那么小那么乖巧的小女孩，居然会有这样的想法。

分 析

有一件事最伤孩子的心，那就是父母没完没了地吵架。因为儿时父母的吵架会给孩子的一生造成深远影响，如害怕恐惧、不信任别人、自卑、坏脾气这些性格缺陷，或者会导致孩子拥有错误的认知，对人生充满悲观，缺乏安全感，不会正确表达情绪，甚至影响孩子的恋爱与择偶。吵架的巨大负能量对孩子的心灵将造成毁灭性的伤害。

父母的一举一动都影响着孩子的言行举止，所以当孩子在场时，父母应做好表率。

当你们有了孩子，每次"开战"前，是不是应该多看一眼小小的他（她）？父母的行为影响着孩子成长。小孩当时会沉默、容忍，并不是他（她）懂事，而是很害怕，很伤心。

有些父母经常吵架，吵到歇斯底里，吵到分居，可却一直没有离婚。妈妈总

说，要不是为了你，我早就和你爸离了。其实孩子更想说，为什么不早点离！

父母当着孩子的面吵架，有百害而无一利。尤其孩子介入叫停又无果，孩子将会产生悲观情绪，无安全感，无幸福感。父母当着孩子的面吵架，不仅会影响孩子的学习，也会影响孩子与人交往。对于经常吵架的父母，我们的建议是：

（1）尽量不要当着孩子的面吵架。夫妻在漫长的生活中难免会吵架，争一下，吵一下，是为了把问题解决，而不是越争越吵越升级。当孩子出现，一定要停止争吵，不要因大人的事波及孩子。

（2）有条件可多参加亲子活动。家是孩子成长的港湾，不要改变家的作用，别抹去家的温暖。亲子活动可以让家庭更有活力，更有凝聚力。

结　果

教练介入对莎莎父母进行调解、劝慰，慢慢地他们结束了吵架。当父母没事了，孩子也没事了。一家人又重新投入到野战游戏之中，恢复欢声笑语。

专家点评

此案例向为人父母者敲响警钟——孩子在场别吵。道理很多人都懂，却常犯。夫妻有缘在一起，况且有了孩子，更应领会教育即生活的道理。言传身教不可偏废。

（曾伟良：广州市团校青少年校外教育资深导师、主任）

家有二孩怎么教

>>> 曾伟良

案 例

陈姨（化名）生有一男一女，因大儿子智力不健全，故生两胎。男孩十四岁，身高1.75米，其智商和情商不如六岁的孩子；女孩七岁，身高1.25米，其智商和情商与同龄人相似。陈姨迁就儿子而忽略女儿，导致兄妹很难相处。

每到放暑假，陈姨都十分头痛，这兄妹俩待在家中如何是好？后经同事介绍，将兄妹俩送来广州市团校参加夏令营。

陈姨的儿子叫拂晓（化名），在家人的陪同下来到营地。高大的拂晓穿着营服站在队伍中，引起了众人的关注。有营员向老师反映：那高个子有点不正常，老自言自语。营员的提醒引起老师高度重视，安排随营社工跟进。

据社工跟进发现：注意力分散、情绪不稳、自控力差、语言能力差等特征，在拂晓的身上不断出现。为了不影响其他营员，我们将拂晓安排和社工同住。同时，带队老师对拂晓所在的小组营员提出要求：不歧视不嘲笑，要接纳要包容。共同努力，确保拂晓在这次夏令营中不出事不惹事，平安来平安回。

七天过后，陈姨送女儿黄昏（化名）到营地并接儿子拂晓，她急不可待找老

师问儿子在营的情况。随后，陈姨告诉老师，这期安排女儿黄昏参加夏令营。老师追问："为什么不安排在一期？""平时他们在家常发生争吵，所以要错开。"陈姨无奈地说。

分 析

兄妹俩年龄相差七岁，加上哥哥智力不健全，所以得到家人无微不至的关爱。而年幼的妹妹因为失宠，又不理解家人的无奈，与左邻右舍的独生女比，倍感活在世上是多余的。在家有两孩的情况下，家长要注意以平常心教养两个孩子。孩子间的关系受父母态度影响，家长要注意"一碗水端平"。陈姨因一胎智力不健全而生二胎。可怎么教？怎么管？怎么爱？确实是个问题。为缓解老龄化危机，国家已决定放开二孩。想生二孩的家长们，你准备好了吗？也许你的家庭面对的情况不像陈姨家这么复杂，但养育两个孩子，家长也要有足够的心理准备。

结 果

平安度过七天的拂晓跟着陈姨回去了，临走时他终于能主动和相熟的老师打招呼了。相信回去之后，拂晓的路还很长，刚来到夏令营的妹妹黄昏的路也很长。

专家点评

感人心者，莫先于情。血浓于水的手足亲情是独生子女一辈子都体会不到的。案例中陈姨家的一对兄妹却缺乏手足情。究其原因，是因为缺乏家庭情感教育。孩子的情感来自父母的滋养，血缘亲情是情感教育的基础。只要情感教育内容和方法恰当，女儿就会感恩父母含辛茹苦，明白弱智哥哥理应得到特殊的关爱，自己理应包容接纳弱智的哥哥。孩子的情感世界多姿多彩，给家庭教育提供了丰富的内涵，也带来了挑战。进入二孩时代，家长要用心培育孩子，积极进行情感疏导，让孩子感受到血浓于水的手足亲情。

（蒋亚辉：广州市教育研究院德育与心理教育研究室主任）

引导的艺术

"为什么"比"是什么"重要 　　>> 全 艳

案 例

2014年7月,我在广州市夏令营做辅导员的时候,遇到这样一个小女生,她十二岁,叫小芳(化名)。由于她参加了我们前三期的夏令营,所以我们相处的日子就比其他学员久,她1.5米高的个头,乖巧懂事,十分活泼。

第一期"演讲与口才训练营",在评比优秀营员中,她失利了,很伤心。走的时候,她跟我说:"老师,下一期我还会来,你带我好不?我妈妈要我一定拿到优秀营员,她说让我参加夏令营,就是为了拿到那个,下次我一定好好表现。"

第二期"行为导向训练营",她又来了,高高兴兴报了名,进了我的队伍。第一期她的失落还一直萦绕在我脑海中,而她确实是一个比较懂事乖巧的孩子,每次团体活动她都积极配合,于是我就开始悄悄地关注这个小女孩了,心想这期如果她表现优异的话,一定满足她的愿望。吃饭时,她帮同学夹菜;团体游戏时,她积极参与。一切的一切,做得是那么好,不多一分,也不减一毫。然而,因种种原因,她还是未能获取"优秀营员"的荣誉奖状。

第三期,她又来了,这次她被分到别的辅导员队伍去了。刚开始她还不高兴,于是我就安慰她说:"没关系,老师也在,有什么事可以来找老师,再说那位林老师是一个不错的老师哦,还有老师知道前两期你没有拿到那个优秀营员很不开心,其实没必要这样,那只是一个荣誉,难道你在这两期跟同学们玩得不开心吗?难道你做事情只是为了一个奖状吗?过程很重要,而且重在享受,其实老师前两期都有关注你,发现你其实是一个不自信的人,虽然你有很主动做一些事情,但当你真正需要主动表现自己的时候,你又会胆怯,比如选队长那次,是不是?加油,做回你自己就好,做你真正喜欢做的,好好享受这一期夏令营,跟着林老师好好学习。"她听了之后,情绪就稳定多了。

分 析

亲爱的父母,告诉孩子"为什么"比"是什么"更重要。"为什么"是一个思考的过程。一个会思考的人,就会有自己独特的见解和独立的人格。未来面对困难时,才会更加坚定自己当初的初衷,勇往直前。"是什么"是一个传授的过程。一个懂得接受知识的人,会有丰富的知识宝库,但当他在面对困难时,却不知道如何应对,因为他连他最初奋斗的初衷是什么都从来没有思考过,那么他又有什么理由为之继续奋斗呢?所以说,让我们的孩子懂得更多的"为什么"的道理比"是什么"更有益于他的成长,更有利于培养他独立的人格和思想。

这个案例中,孩子之所以在一次又一次的优秀营员评比中失利,是因为孩子本身就不知道为什么要拿这个,所以她本身对这件事情是怀疑的,不理解的,才没能投入自己的真感情和真热情。后面等她明白为什么要拿这个奖状的时候,她知道来这的初衷不是要拿奖状的,懂得了奖状的设立是一种对他人能力和人格的一种赞扬和奖赏,是因为自己有了这种品质,因此才有了这个奖。可见,孩子懂得了"为什么"之后,她成长得更快了。如果您的孩子有这样的情况,请仔细想想自己平常是不是很少给孩子分析他为什么要做这样的事,为什么要刻苦学习?为什么要成为一个好学生、好孩子?为什么要做一个对社会有用的人?亲爱的父母,如果你没有做到,请在以后的日子里多多跟孩子沟通交流,告诉他为什么爸爸妈妈会这样要求你,告诉他现在他所做的是为了什么。

孩子缺乏学习兴趣,缺乏思考能力等,都需要从"为什么"出发。只有孩子想知道为什么时,他才会对事情产生兴趣。我们常说:"兴趣是人的第一任老

师"。可见兴趣对于一个孩子有多么重要。我们都知道孩子在很小的时候心智是没有完全成熟的，他们很容易思想不集中，但如果他们对某一件事情感兴趣时，就会表现得无比执着。真理的探索是一个漫长的过程，在这一过程中，需要解决的是为什么，只有找到了为什么的答案，我们才能得到真理。少年的成长就是一个不断探索人一生成长意义真理的进程。在这条路上，我们会有困惑，会面对各种选择，遇到各种问题。而这一切的一切的答案，都源于为什么。所以，教育孩子，我们需要让孩子明白他们的成长是为了什么。这是他们需要用一生去学习探索的，孩子终究有一天会长大，会离开。现在，告诉孩子"为什么"比"是什么"重要，那么，未来他们才会飞得更高更远。

结 果

第三期，小芳拿到了优秀营员奖状，她高兴地跑过来跟我说："老师，我明白你的话了，以后我会做自己想做的事，而不只是做三好学生应该做的事。"听了她的话，我笑了，她长大了，不再为了做好而做好，而是打从心底里知道怎么样才是好。

专家点评

在本案例中，小芳为了成为优秀营员，不惜多次参加夏令营。历经两次失败，最终如愿以偿。在肯定小芳不怕失败的坚韧和执着的同时，辅导员对她的辅导和引领也可圈可点。在辅导员看来，让小芳明白"为什么要成为优秀营员"比"成为优秀营员"更为重要。这个案例给家庭教育深刻的启迪：教育孩子，不能只提出要求，更要提出这样做的价值和意义，既为孩子提供追求目标的内驱力，也让孩子享受到追求目标过程的快乐。明白"为什么"的孩子，享受做事的过程，体验着失败也收获着成功，享受成长的快乐。

（蒋亚辉：广州市教育研究院德育与心理教育研究室主任）

欲速则不达

>> 施晓莎

案 例

2015年7月19日至8月1日，在东莞常平营地夏令营期间，我担任的是随从医务，每天照顾生病的小孩。有天晚上，林老师打我电话说她们队里有个小朋友觉得很不舒服，喘不过气，于是我赶紧过去。赶到之后，我询问了他的身体状况，没发烧、感冒，除了总感觉胸口闷以外，其他状况正常。于是我带他出去透透气，呼吸下新鲜的空气。

一路上我问他："你平时在家也会突然觉得胸闷不舒服吗？"他说偶尔会。我问："那平时父母都怎么给你处理的？"他说："没特别处理，就自己休息下就没事了。"于是我让他尝试深呼吸，跟着我的节奏调整呼吸频率，放松心情。过了十来分钟后，他说好很多了。我问他要不要回房间休息下，他说还想在外面透透气，然后就和我聊起他的家庭、父母、学习情况。他的父亲是警察，母亲是公务员，家里就他一个独生子，父母对他期望比较高，在他身上投入了很多，希望他能在各方面都很优秀，成为他们的骄傲。其中谈得最多的当属他的成绩了。他说："这次期末考试我的语文考了88分，数学考了93分，英语考了97分，全班

排名也就第5,哎,比我预想中的要差。"看他表情挺郁闷的,我安慰他说:"能考到这么高,已经不错啦,想当初我在班里还排20多名呢!不要给自己太大的压力,尽力了就好,这次没考到理想的分数,下次努力不就好了。"他略有所思地点头,接着说:"可是,我觉得我没考进前三,辜负了我爸妈对我的期望。他们拼命挣钱,给我报奥数、英语、语文、才艺辅导班,我每个周末都去上课,可是,我的语文还是进步不了,我的奥数参赛了也拿不到奖,才艺的那个更不用说了,我啥都学不精,根本就没有出色的表现,还好我英语底子好,不然真的好丢脸啊。"听着他细数自己一路的成长历程,我感受到他的压力好大。

分 析

现在的孩子的心理压力远超出我们的想象,究其缘由,是家长们对孩子的期望太高,这期望往往是建立在家长自己没有实现愿望或没有得到想要的东西的基础上的,从而希望孩子长大后能够帮自己实现愿望或得到想要的东西。殊不知,孩子的内心是怎样想的?

期望是家长为孩子定下标准,以此来衡量他们的行为。而过高的期望有时会打击孩子的积极性,甚至给他们带来巨大的压力。因此我们所设立的期望与目标应考虑孩子的具体条件及其本身愿望,而不是过于体现父母自身的愿望与利益。如果对孩子设置过高的期望与要求,当孩子不能实现目标时还毫不掩饰自己的失望,孩子会因不能达到父母的要求而自惭形秽,对自己的能力感到怀疑,而从根本上动摇对自己的信心。

"欲速则不达"不仅体现在家长的工作上,而且还体现在孩子的学习上。作为家长,对孩子有期望是没问题的,但是,要适当考虑孩子的实际情况。若我们在孩子身上寄予很高的期望,同时不断地向他们指出不足之处,我们实际上很容易使他们失去勇气,降低自信;相反,如果我们对他们的要求适度,并及时加以鼓励,就会使他们充满活力和自信,并且产生要多做一点的欲望。因此家长正确的做法应该是:多鼓励自己的孩子,给予孩子自信心,从孩子的实际情况出发,而不是一味地让他按照自己的意愿来做。孩子的成长是一个漫长的过程,不能一蹴而就。目录的实现是要一步一个脚印,慢慢来的。如果父母做事太死板,对孩子要求太高、太苛刻的话,孩子反而常会有"强烈恐惧失败""兴致低落""心理压力剧增"的倾向,这些都将不利于孩子的成长。

结 果

一个读五年级的小孩,在本该享受童年美好时光的时候,却要承担如此大的压力,想想都觉得好辛苦。他边说,我边耐心地倾听,偶尔给他回应,肯定他已经做得够好、够棒的了,不需要在意那么多。聊了很久后,他说已经不胸闷了,于是我便带他回房间休息。

专家点评

学生心理问题引起的身体问题,应当引起老师的高度重视。这个案例中的老师是个医务工作者,处理恰当。对于小学生而言,学生的心理异常往往都有来自家长的影响因素。因此,今天的学校心理健康教育一定要辐射到广大家长,家校联动,共同为学生健康成长创造一个宽松的心理环境。

(陈岸涛:华南师范大学思想与政治专业著名教授)

信任是感情升温的基础

>> 施晓莎

案例

（场景一）我跟在队伍后面跑，小文（化名）跑了没几步就说不跑了，很累，于是我就停下来陪他走。起初，我尝试与他沟通，我问他："其他同学都在跑步，你为什么不跑呢？而且晨跑不应该穿拖鞋，你明天记得穿运动鞋。"他看都不看我一眼。然后我问他："你平常在家、在学校不运动吗？"他依旧不吭声。我说："晨跑对身体是有好处的，你看老师也跟着你们一起跑啊，那你是不是也应该坚持呢？"他还是不说话。我接着问他："老师看你身体挺好的呀，你平常应该有运动的啊？"他这时才说："我只游泳，而且游泳还拿过奖。"我知道了他的兴趣爱好后，围绕他感兴趣的话题和他聊，他才侃侃而谈。后来熟悉之后，我问他："你怎么刚才一副不想搭理我的样子呢？老师又不是坏人，老师跟你聊天只是想多点了解你。再说了，老师跟你讲话，你应该有礼貌回答老师才对啊？是不是？"他说："我刚才就是不想讲话，我妈说了，不能轻易跟陌生人聊天。"

（场景二）有一次集队时，女生A看见我过去，急忙告诉我她同宿舍的女生B被小文推了一把，手受伤了，正在哭。我立马过去问B怎么了？B说：小文的钱掉在地上，然后她本来想帮小文捡起来的，不料小文立刻推了她一把，还很凶地对她说：这是我的钱。带着B去擦好药并安抚好她之后，我私下找了小文谈话。我并没有立刻指责小文，而是让他告诉我发生了什么事。小文一五一十地告诉了我，情况也确实是他推了B一把。我问他："你为什么要推B呢？她不是要帮你捡钱吗？"小文说："谁知道她是不是真的要帮我捡啊？她捡到我的钱之后，肯定要我做什么才肯还我。"我对他说："我们要相信我们团队里的小伙伴，不是吗？"他又说了句："信不信由我。"

分 析

随着时代的发展，社会的信任问题已然成为值得我们关注的焦点。很多家长教育小孩的处事态度是千万不要相信任何人，说得委婉点也就是防人之心不可无。但是，如果一个小孩戒备心太强，也未必是一件好事。

确实，现在社会是很复杂，教育小孩加强戒备心理也无可厚非。但在同龄孩子之间，他们是不是也一样要如此谨慎呢？

小文小小年纪，就如此不信任他人，我很是担忧。我告诉小文："每个人都有选择相不相信别人的权利，但是，你来到了夏令营，你要相信，老师是不会欺骗你的，老师做的一切都是希望你们好。当然，你也有权利怀疑老师啦，但老师不怕被你怀疑，因为老师有信心你会信任我。"

场景二发生时，我让小文先把自己的钱点清楚，看有没有少，小文回答说没有少。我对他说："如果B真的捡了你的钱不还你，你可以告诉老师，老师会解决，但事实是，你动手推了人家，让原本想帮助你的同学受伤了，这是不是你的错呢？老师明白你当时的心情，但是，我们可以换位思考一下，如果是B的钱掉了，你本来是打算帮她捡起来的，但突然就被她推了一把，你会高兴吗？你下次还会选择帮助别人吗？我们应该相信小伙伴的，是不是？"

在夏令营短短的七天里，老师都能发现孩子的情况，那作为孩子的父母，你们相处的时间那么长，怎么可能不知道孩子的状态呢？教育孩子加强戒备心理是对的，但是，有时候要分清楚场合、对象。孩子之间只有纯真的友谊，小小年纪应该享受天真无邪的乐趣，而不是背负着像大人一样的疑心与重担。

结 果

小文在剩下的夏令营时间里都挺信任老师的,也会积极配合老师的工作。而且小文主动去向B道歉了,B也原谅了他,甚至到闭营时,他俩还不舍得离开。团队里其他小伙伴和他的关系也不再那么陌生、尴尬了,大家有说有笑的,彼此信任,气氛很融洽。他能够有所改变,有所突破,我觉得很欣慰。

专家点评

人之初,性本善。每个人生性都是善良的,尽管有"假丑恶"的存在,我们依旧要相信"真善美"!家长教育小孩,不要一味地把自己所认为"好与不好"的观点强加在孩子身上。在童年,就应该有童年的纯真美。认知距离太远,孩子与同龄人之间的沟通就会有问题,不利于小孩身心健康与成长。父母给孩子普及某些概念时还要教其如何理解和运用。否则,只给锁不给钥匙,只会锁住自己。

(曾伟良:广州市团校青少年校外教育资深导师、主任)

青少年校外教育丛书

少年成长在路上（家长读本）

尊重是友情的助燃剂

>> 施晓莎

案 例

一次团队游戏休息时，我与一群女生聚在一起聊天、说笑、拍照，其中小诗（化名），一个胖胖的挺可爱的女生一直要抢我的手机自拍，我就把手机给她自拍，结果矛盾发生了。小花（化名）说了一句："你这个胖子，拍什么拍啊？不知道自己长什么样子吗？"小诗听后很愤怒地推了小花一把，两个人瞬间就打起来了，又哭又闹的，拦都拦不住。于是，我叫李老师过来一起帮忙把她俩分开。我安慰小诗，他安慰小花。

我把小诗带到洗手间去，蹲到她身边，静静地听她把委屈说完，然后再跟她讲道理。我对小诗说："你们俩不是好姐妹吗？她说了你胖，是她的不对。但老师说过的，不允许人身攻击的，你可以告诉老师，老师会教育她的，可是，你先动手打人了，是不是你的错呢？"小诗哭着承认了自己的错误，我把她抱在怀里，安慰她，要她先去给小花道歉，请求她的原谅，她瞬间就很开心地说好。小诗的情绪稳定之后，我立马带她去小花面前。小花那时哭得很大声，嚷嚷着说别人的不是，我说："好，就算你觉得是小诗的错，小诗打了你，确实是她的错，现在，我们先冷静下来好不好？小诗说她要跟你道歉。"小诗对她说："对不起，我不应该动手先推你的，你原谅我好不好？"我凑到她们面前，问小花："你看，小诗已经跟你主动道歉了，你原谅她好不好？何况，你也有错，对不对？老师说过，不允许出现人身攻击的，你说她胖，是不是你的错呢？"她点了点头，然后我示意小花向小诗道歉："对不起。""没关系。"小诗爽快地回答。事情终于解决了，两人也友好地以互相拥抱的方式回到最初的友情。

一天午休时，我去查房，小雅（化名）哭着告诉我说要换房，她不想跟小花她们住同一间房，追问其缘由，"她老是嫌弃我，说我丑，字写得也难看，是个笨丑八怪，自己不跟我玩就算了，还要怂恿小诗她们都不要跟我玩，我不想跟她玩了。"调查清楚原因后，我单独找了小花谈话。我问她觉得同宿舍的人都怎么样，她很直接地说："我就只喜欢小诗，其他人我都不喜欢，我跟小诗感情很好。"我向她解释说"不管在夏令营，还是长大后出了社会，待人都不能有偏见的，要一视同仁。最要紧的是不能对他人进行人身攻击，我们要学会与他人和谐相处，你的朋友圈、生活圈不能只局限于你喜欢的人。就像来到夏令营，你的团队里不只是有小诗一个人啊，还有其他小伙伴，如果你这样子的话，其他人也不

愿意和你玩了，那你的朋友就少了啊。"她回我："我不在乎。"

分析

在与人相处时，尊重是友情的助燃剂。友情是需要用心去经营的，有的人心态好，宽容度高，所以他不会去计较你的言语；但是，有的人天性敏感，比较细心，在乎他人的态度与想法。所以，学会互相尊重是很重要的，如果从小就培养出这种好习惯、好素质，那么，这将会是你人生的一笔重要财富。

现在的小孩越来越有个性，做事我行我素，丝毫不在乎别人的感受，如果是大人听到这些童言无忌的话，可能不会放在心上，但小孩子的心灵都是脆弱兼敏感的，他们会放在心上，甚至会产生疏离、打架、不和等情况。

孩子虽还未成年，但家长要慢慢地教会自己的孩子如何面对社会，特别是学会如何与人相处。因为懂得尊重他人，收敛锋芒，换位思考，其交际圈肯定会随年龄而增长，朋友也会越来越多。

我发现小花这种无所谓的态度后，用了较长时间让其认识自己的性格与脾气，并跟她举了好多例子。在活动过程中，让她多体验同龄人之间互相关爱、友好相处的重要性。

结果

小花的脾气有所收敛，懂得尊重他人了，不会再那么自大、任性，我行我素。

专家点评

每个家长都明白，在孩子成长过程中，要教会他们尊重人。人与人之间互相尊重，尊重别人也是尊重自己。要让孩子懂得：尊重人的内涵是什么呢？不仅仅是对人讲礼貌，更重要的是要尊重人的个性、观点、外表，等等。人不论高矮胖瘦美丑，都是这个世界上的唯一，都值得我们去尊重。学会尊重人是儿童社会化的必修课。

（陈岸涛：华南师范大学思想与政治专业著名教授）

有一种伤害叫忽视

>>> 蓝露璐

案 例

小钟（化名）是一个小动作特别多的小孩，不容易熟悉陌生的环境，在队里与自己的队友相处不太融洽。

在夏令营时，队员在一起玩游戏，小钟不在状态，喜欢一个人在角落自娱自乐。表现出退缩、孤僻离群的性格特征。

当随营老师指出他的错误时，他会出现焦虑，有时会通过大喊来发泄他的情绪。老师安抚他后，他就会一个人安静地呆着。

我们与他的家长联系，知道小钟的父母是离异的。他从小由妈妈带着，而妈妈又经常忙于工作，平时没有时间教育他，导致他性格孤僻。可见，不健全的家庭结构给小钟带来很大的影响。因长年累月缺少父母的关爱，小钟的心灵受到伤害，从而造成心理上的失衡和扭曲，不能形成健康的人格。

分 析

家庭成员之间的关系对孩子成长有着莫大的影响。当孩子遭受父母离异的困境时，家长更应该从心理方面关心孩子，开导孩子，不应该忽视，也不应过分呵护。

由于父母离异，缺少对孩子关心，影响了孩子正常人格的形成，导致孩子缺乏安全感。这样的孩子容易动不动就发怒并表现出具有攻击性的行为，应引起大人们的高度重视。离异对大人而言是阵痛，而对孩子是长痛，甚至会毁了孩子一生。故大人的离异定要慎之又慎。一旦离婚，双方对孩子的关心也不能忽视。对于小钟，我们采取了以下的教育措施：

（1）多加关心。平时在队伍外出活动前，随营老师会询问他是否把水杯等该准备的东西准备好了，有没休息够；在活动结束后，会和他沟通看他是否玩得开心。当他情绪较不好时，老师会及时询问他原因，让他知道老师都很关心他，他不是一个人。平时的活动中，随营老师会有意识地站在他旁边，看他有没什么需求。

（2）多加鼓励。鼓励他多参加活动，用小红旗作为他参加完活动后的奖励。如在知道他动手能力强时特意设计一个玩积木的游戏，让他从中获得自豪感。

（3）与父母沟通。及时和他的父母说明小钟的情况，让其父母少指责多鼓励。让其父母明白，其实，小钟有这些过激的行为都是想引起父母或老师的注意。小钟只是渴望父母的爱和肯定，需要被关注。

结 果

通过夏令营的历练与疏导，小钟的情绪没以前那么激动了。参加游戏时也变得更加主动，当其他队员不舒服时也会主动关心并告诉老师。每天晚上和他母亲打电话时，他的语气变温柔了，会和妈妈分享一些当天发生的开心的事。

专家点评

当孩子出现问题时，父母双方不能以忙于工作为借口，对孩子不理不睬，放任不管。因为家长的冷漠会影响孩子的行为取向。如果家长经常性地忽视孩子，对孩子的反应缺乏敏感性，对孩子不够关心，对孩子无明确的要求，奖惩不明，采取听之任之的态度，会造成孩子缺乏独立性。当孩子犯错时才予以关注或者表示生气、失望等负面情绪，把孩子的问题或过失归因于孩子自身，这是一种不负责任的表现。其实，孩子的任性、反抗、挑衅或攻击性行为与父母的关心和管教有直接联系。

（曾伟良：广州市团校青少年校外教育资深导师、主任）

公平是二孩家庭的一剂良药

>> 唐 妍

案 例

在报名的时候,一名带着两个小朋友的家长引起了我的注意。其中一个小朋友是十岁左右的男孩,另一个是大约七岁的女孩,男孩看起来有点闷闷不乐,而女孩则显得有点娇气。

在上车准备出发的时候,那位家长对着小男孩叮嘱道:"你是哥哥,要好好照顾妹妹,知不知道?"男孩乖乖点点头。小女孩则因为快要离开妈妈而噙着眼泪,快要哭出来了,妈妈看到立即安慰道:"没事啊,宝贝,七天很快的,妈妈很快就会来接你回家,你乖一点。"说完又亲又抱,小女孩才很不情愿地上了车。

在车上,小男孩看到周围的小朋友,显得很兴奋,就迫不及待地想加入他们,和他们聊天,小男孩试探性地和前面的小朋友们打了招呼,很快他们就聊得热火朝天了。正在这时,小女孩柔柔弱弱地扯着她哥哥的衣角说:"你不跟我

引导的艺术

玩,我回去要告诉妈妈的。"小男孩立马扭正身子,坐着那儿,不言不语,显得有点安静。当时我以为小女孩只是接触新环境,怕生,害羞,就没有太在意。

到了营地之后,小女孩坚持要粘着哥哥,也不和其他小朋友玩,一不开心,就哭闹,参与活动的时候不太积极,甚至还不让哥哥和其他小朋友玩,怕自己孤单。而想玩的哥哥,显然有不满和抵触情绪,整个人很失落,但也无法脱身,害怕父母责骂,所以只能带着妹妹。看到这样的情况,我立刻察觉到问题的严重性。

分 析

随着时代的发展,政策的放开,一个家庭有两个孩子已经很常见了。对于父母来说,要同时教育两个孩子,不是一件容易的事情。要孩子们和睦相处,不"争风吃醋",更是一个不小的挑战,既需要耐心与智慧,也需要公平这一剂"良药"。

父母怎样去对待两个孩子,怎样去教育两个孩子,很大程度上会直接影响孩子们之间的关系。有些父母在有了第二个孩子后,沉浸在新生命诞生的喜悦中,对小的呵护备至,爱护有加,逐渐忽视了大孩子的感受,疏忽了对大孩子的照顾,不经常关心大孩子了,甚至也让大一点的孩子围着"小宝贝"转。而这样真的有利于两个孩子的成长以及家庭的和睦吗?怎样平衡对两个孩子的爱,让孩子在一个和睦共处,相互爱护的温馨氛围内长大,是一个值得我们思考的问题。

案例中出现的情况,和父母平时对两个孩子的"差别待遇"有着不可分割的联系。小的太过依赖、骄纵,有一点不顺着她的意愿,她就会"撒娇"甚至用父母来"威胁"。大一点的小朋友不情愿,但又怕"被告状",从而形成一个恶性循环。这为我们的父母敲响了警钟,对待孩子,我们应该秉着公平的原则,拒绝差别对待,关注大孩子和小孩子的心理变化以及特征,不让孩子因为争抢父母的关爱,关系变得糟糕。一视同仁才能帮助孩子塑造一个良好的性格。我们需要告诉家长的是,大孩子需要照顾小一点的孩子,而小一点的孩子也要学会照顾大孩子,因为每个人都需要被爱护,被照顾。兄弟姐妹情同手足,应该相互谦让,照顾,爱护,这样才能在孩子之间形成一个和睦融洽的相处氛围。

结　果

经过辅导员的疏导，妹妹不再那么粘着哥哥了，而是向哥哥学习，和哥哥一起参与活动。她开始试着在没有哥哥的保护下，单独和其他小朋友相处，玩耍。而哥哥也开始学着开导妹妹，要妹妹一起参与到活动中来，两个人共同进退。

兄妹一起融入到集体中，在夏令营玩得很开心。令人欣慰的是，在闭营的时候，妹妹变得懂事很多，自己的包自己背，她变得不那么娇气了，还说要帮哥哥拿东西，而哥哥也显得开心自由很多。看着这一对相互爱护的兄妹，我们所有的辅导员都感觉很开心。

专家点评

作为父母，平时对孩子的态度直接影响着孩子的自我意识和相互关系。兄弟姐妹之间应该是建立在人格平等上的敬长爱幼而非控制型的关系，而父母的偏心则会损害孩子之间的良好关系，同时也会不经意地给孩子心理造成伤害。随着孩子进入青春期，独立的能力和意识增强，不当的兄弟姐妹关系可能会造成他们的隔阂甚至对峙。因此，父母在鼓励大孩子照顾弟弟妹妹的同时，也应教育小的孩子尊敬和爱戴哥哥姐姐。学会互敬互爱，互相照顾。父母本身也应公平对待孩子，孩子才能心理健康，家庭才能和睦美满。

（熊少严：广州市教育科学研究所原研究员、编审）

"游戏世界"背后的故事

>>> 唐 妍

案 例

为期十四天的"少年行为导向"特训营里,一个高高大大的男生在人群里显得特别突出,他跟他妈妈好像因为手机的事情在闹别扭。我看在眼里,记在心里。

因为是特训营,所以对孩子的要求比较严格。第一件难事,就是"上交手机",由辅导员老师先进行保管,等闭营的时候再予以退还。这对于那些玩手机、玩游戏上瘾的同学来说,可是一件"难于登天"的事情。

我和另一个辅导员决定先采取"宽松"政策,先让所有的同学们自觉上交自己所带的电子产品,最初只有几个人上交了手机,我们围着队伍走了一圈,说道:"手机先自己交上来,不然查出来,老师就要没收,还要'奖励'你们一个惊喜。"这时,同学们听出了弦外之音,队伍里有了一些动静,大家陆陆续续上交了手机,只有那个高个子男生的手往袖子里收了收。

我们知道发生了什么,但并没有立即拆穿他。

最后解散的时候,我们补充了一句:"住在一个房间的同学可以互相监督,希望大家能够遵守纪律,上交手机,这是为了让大家在晚上能够休息好,同时也不影响其他同学休息。"

晚上十二点多了,按道理大家都已经休息了。这时,和那个高个子男孩同一间房的同学A来敲我们辅导员的门,他委屈地说道:"老师,那个'高个子'的男生晚上玩网游,声音很大,吵得我睡不着,还威胁我,说我如果去告诉老师,就给我点颜色看看。"

我和另一位辅导员商量后,决定一人负责安抚这位A同学,另一人去"高个子"那里同他谈心。

敲了敲他的门,高个子同学显然有点回避,用被子遮住自己,我悄悄坐下来,用并不责怪的语气跟他说:"老师过来,不是来批评你的,你不用防备,我们可以随意地聊会天吗?"他简短地"嗯"了一声。

"你喜欢玩游戏?"他点头。

"玩很久了吗?"他还是点点头。

"为什么喜欢玩游戏?"

他说:"因为很无聊,打发时间。"

"你爸爸妈妈支持你玩游戏吗?"

他说:"不支持,看着我玩游戏,就骂我没出息,然后就没收手机,不让我玩,我只能偷偷地玩。"

听完这些,我对他说:"有时候玩游戏也不一定是坏事,在处理好自己学习的前提下,玩一下游戏放松一下还是可以的。"

听到我这么说,他转过身来。

我接着说:"老师今天在让同学们上交手机的时候,其实看到你把手机藏在袖子里,知道你没有上交手机,但是我们并没有揭穿你,我们觉得你长大了,应该懂事的,明白的。我们想给你一次机会,让你自己明白,如果你玩网络游戏这么上瘾,对你自己是百害而无一利的。况且,这么晚了还影响到其他同学休息,你还威胁人家,我们是否应该站在别人的角度去想一想呢?你应该快上初中了吧,你爸爸妈妈不让你玩游戏,肯定是你玩游戏耽误了学习,影响了自己的正常学习和生活,他们作为你的父母,怎么会不着急呢?"

分 析

在这个科技日新月异的时代,小朋友们的爱好也渐渐跟随时代发生了改变。技术的更新,为我们带来了便利,也不知不觉地为住在"象牙塔"的青少年们挖了一个陷阱。现在的小朋友们,不再满足于电视里的动画片、游乐场的旋转木马、承载丰厚知识的课外书,他们已经向虚拟的花花世界昂首阔步,开始在网络游戏中逃避自我,寻找虚荣感、安全感和成就感。

很多家长抱怨,现在的孩子就知道玩游戏。人在哪,手机和iPad就跟到哪,整天就知道玩游戏。管不住,太难管。大家都知道,沉迷于网络游戏的危害,所以恨铁不成钢,可是我们对这些沉溺于网络游戏的孩子真的了解吗?我们真的有好好跟他们沟通过吗?我们真的用对了方式吗?

玩游戏只是孩子逃避现实生活的方式,要想杜绝孩子游戏成瘾,就要给予孩子多一点关注和关爱。有的孩子说玩游戏是因为无聊;有的说是因为没有父母的陪伴,平常只能玩游戏;有的孩子说,因为父母的打骂,学习成绩差,去网络世界里寻找安慰;而有的则是因为他们身边到处都是iPad、手机和电脑。

在家长责骂孩子为什么玩游戏上瘾的时候,是否检讨过自己、思考过事情的本质呢?我们应该透过现象看本质,去洞悉孩子的动机,然后再和孩子好好聊

聊，正确、耐心地引导他们，而不是看到他们玩游戏就大发雷霆，认为他们就是坏孩子，甚至做出更过激的举动。为人父母应该花时间去了解孩子，与孩子沟通，帮助孩子树立正确的价值观、人生观，和孩子一起培养一个健康的爱好，理智控制电子产品的使用，和孩子一起制定一个约定，而不是简单粗暴地责骂，这样只会取得相反的效果。

结　果

经过辅导员的劝说，高个子男孩没有产生抵触情绪，他自觉地上交了手机，并且和A同学道歉了。他对辅导员说，我以后要和爸爸妈妈来个约定，如果我表现好，就每周给我三到四次玩游戏的机会，每次大概两个小时，希望他们可以同意。

闭营的时候，我把他的情况和想法告诉了他的妈妈，他的妈妈对他玩游戏这个事情也感到非常头疼，听说他想去拟一个这样的约定，感到很高兴。

专家点评

随着时代变迁，科技的飞速进步，我们的孩子面临着更多的资讯、更多的选择，与此同时，也面临着更多的诱惑。现实中，父母常常忙于自己的工作，只关注孩子的学习，缺乏情感交流，视游戏为洪水猛兽，看见孩子玩游戏就批评指责，这势必造成孩子的逆反心理。案例中老师以接纳的心态，倾听孩子的想法，尝试理解孩子沉迷游戏背后的原因，一步步引导孩子认识问题，进而自己提出解决的办法。

我们怎样引导孩子学会判断选择，提高分辨能力，获得自我认知；面对变化、面对诱惑怎样学会自我控制，这是现代教育中的重要话题。

（杨秋苑：广州市康复中心心理科副主任医师、心理治疗师、注册心理师、主任）

警惕不恰当的"自我保护"

>> 郑丽媛

案 例

小宁（化名），女，五年级学生，第一次参加夏令营，是本次团队年龄最大的成员。她参加正队长竞选，落选后以第二高分任副队长。小宁不满意这个竞选结果，在接下来的七天六夜的活动里，出现了不同程度的状况：离队，走神，不配合辅导员工作，多次挑衅辅导员，与队员发生多次不同程度的冲突，如：打人、抓人、骂人、咬人、吐口水等。被批评后，小宁却不以为然，找不同的理由为自己辩解，鉴于此类情况多次出现，团队成员提出更换副队长的要求。在私下与小宁的谈话中，我们得知，她的这些粗暴的行为是模仿班里其他同学的行为来进行"自我保护"的。她嘴边常常挂着一些"经典语句"：

他们都不把票投给我，我要报警把他们都抓起来！

老师你不知道！他们私下还咬我呢！

老师，你应该补偿我弱小的心灵，我想吃薯片、可乐！

我原本不会这么粗鲁的，都是因为我们班的那位同学要我学他的！

老师，他打我！

不久又发生了饭堂吵架事件。小宁在盛米饭时，将一些米饭不小心弄到桌面上了，这时她用手将这些米饭捡起来放回饭盆里，接着盛干净的米饭。在后面排队的小腾看见了，就说她不该那么做。小宁就对着小腾用手比划，一副要打人的样子，还把桌上的保温瓶弄倒在地，差点砸到其他同学。这回再也没有温和处理的理由了，我问她为什么要这么做，小宁说，其他队员在欺负她，小腾平时咬她，其他队员不听她这个副队长的话，哭着说要打电话把没投她票的队员都抓起来之类的。我在旁听着纳闷，这些事情有发生吗？我不可能没发现的。向小腾了解了一下，他说平时都没和小宁接触，怎么会去咬她呀！

原来，她不开心的点是没能当上正队长。

就小宁出现的离群和心有不甘的情况，我再次与她进行了沟通，和她聊了聊在饭堂失态的原因和她的想法。小宁讲到，她是在模仿班里的一名同学的做法。那位同学对她说："假如有人欺负你，你就学我一样！"这位同学所说的，是类似于暴力解决问题，如用眼睛瞪对方、大声说话等。所以，小宁认为自己并没有错，在饭堂里的行为只是在学班里的同学。

分 析

小宁的行为是一种模仿行为。小学生尚年少，缺乏正确判断是非的能力。小宁接收到同龄伙伴的一些不恰当的处理方法，导致出现这次在饭堂和小腾冲突的事件。随即我们进行了第三轮深入的沟通，与她一起探讨"她同学的做法是正确的吗？""暴力是不是解决问题的最佳方法？"

对此，我与她以现实的例子进行辨析，引发其正视她的同学的做法是不对的，给她分析暴力解决问题不是处理问题的好方法的理念，来弱化其同伴给予她的不良理念，使其真正认识到拳头不是个"万能"的法子！

后来，我又另找合适的时机与她进行第四轮沟通，围绕落选正队长的话题。在交谈的过程中，小宁表示她现在是班里的班干部，表现优异，认为在夏令营里也理所应当受到重视，结果落选了，她觉得很失落。我能理解小宁的心情。但此次职务是通过民主选举后产生的，我开导她，并说明副队长的责任并不比正队长轻，辅导员好多工作都需要副队长的协助。鼓励她积极主动地为团队服务。因为

队员并没有因为饭堂事件排斥她，小宁认同了我所说的。

家长们平时可以多和孩子们沟通一下，聊聊天：平时在学校怎么样？开不开心？都学了些什么知识？和朋友相处得怎么样？有没有什么事情可以和我分享一下？当发现孩子有不恰当的想法时可以及时纠正过来，代之以正确的理念。老师们平时也应多留心班里学生的相处情况，若出现暴力问题，应及时做学生的思想工作。

结　果

经过几轮的沟通，我对小宁的情况有了大致的了解，在接下来的夏令营生活里，我不时地通过周围发生的一些小事件，和她一起聊聊想法、看法。发现她有不良的想法出现时，及时给予纠正。因此在后面的一段时间，小宁安分多了，虽然与队员相处时还有一些小摩擦，但不会动不动就吵闹起来。小宁的事情让我意识到不应忽视同龄伙伴间的模仿，一个好的榜样可以让小伙伴成长得越来越好。但是，一个坏的榜样危害却是极大的，后果不堪设想。

专家点评

从这一案例反映的情况来看，身边人特别是亲人、同伴的言行对孩子的示范作用应引起各界的高度关注。作为家长除了关心孩子的学习，还要注意自身行为对孩子的直接影响，对孩子思想行为的变化应密切关注，发现苗头须及时了解并正确引导。

（邱服兵：广州市团校校长）

找对方法才能事半功倍

>> 周文芳

案 例

2014年8月17日到23日，在萝岗天麓湖基地，为期七天的"未来领袖气质体验营"里。一个小男孩留给我的印象特别深刻，他叫小荣（化名），个子不高，但比较强壮，是一个十岁的小学生。

组建团队时他表现得十分活跃，一点也不怕生，非常积极地竞选团队队长的职位，最后以十四票的高票通过，得到了大家的支持。在集队等候时，队员们也很听队长的指挥。可是，第二天开始，却明显感觉到队员们对他的支持度不及昨天了。第二天的下午，还接到了队员中的女生对队长的投诉。随即我们与队长进行单独沟通，了解具体情况，才知道原来男生们昨天贪玩去敲女生宿舍的门，然后小荣认为作为队长应该道歉，于是，他去敲了女生宿舍的门。女生方面的反映是：小荣敲了门就嘻嘻哈哈地说了一句对不起就跑了，让她们觉得莫名其妙。

晚上写完作业后，我又与小荣进行了一次沟通，并且把女生的反馈告诉了

他。小家伙显得有一点失落，好像觉得自己的"良苦用心"并没有被大家接受。我告诉他，其实很多时候并不是你的出发点不好，只是可能有更好的方式来处理问题，就好像去女生宿舍道歉，或许可以先说明原委，然后真诚地道歉，甚至带着那些之前捣乱的男生一起，这样子也许会更好。有责任心有担当是好的，但是不要把所有事情揽在自己身上，给自己造成过多压力。小荣似懂非懂地点了头，然后默默握了握拳，好像下了什么决心一样，很认真地和我保证说他以后会把事情做好的。

分 析

现实里，不做事则不会有问题，多做事可能会出现问题，成年人也一样，何况孩子？率真是孩子的天性，成长中的许多孩子会依照自己的感觉处理事情。可是，很多情况下孩子依照自己的想法做出来的结果却不尽如人意。换言之，很多时候，孩子认为自己付出了很多，却没有得到认可，会伤心，会难过，也可能陷入误区。这时长辈所能做的，则是引导。

孩子的初衷是好的，自然不存在居心不良的情况，但是最终没能把事情做好，自己也觉得不开心，这其中的原因值得探讨。经过深入了解事情的经过，仔细观察孩子的言行，认真倾听孩子的诉说，我终于发现问题所在——小荣的出发点没错，方法却不怎么正确，由此导致他做事时得到事倍功半的结果。

事倍功半和事半功倍是两种境界，之所以付出的努力与达成的结果不一样，全在采用方式的不同上。做对的事是一种态度，把事做对则是一门技巧。或许两种方式都会引领到正确的方向，但如果有更好的方式供孩子们选择，何乐而不为呢？很多时候孩子们缺乏的不是行动力，而是缺乏能够让他（她）们更好地行动，更好地实现自己行动的目的和价值的引导。有效的引导能够让孩子脱离迷茫的泥潭。世界上本没有什么一帆风顺的事，我们能做的也不过是让孩子们学会更好地处理事情，以更妥当的方式或态度对待身边的人或事，这样才能让孩子们在成长的路上事半功倍，学得更快，收获更多，才能走得更远，攀向高峰。

结 果

接下来的日子，我和另外一个辅导员都默默关注小荣的动静，发现他真的自

觉了很多,也学会了更好地与人相处,用更加好的方式做事情。比如晚上查房前,他会提醒大家要早睡,从以前大吼大叫的做法变成了耐心提醒,有时还自己先安静睡觉做榜样。在最后一天,虽然他忍不住当众买了饮料(辅导员在开营时和全队人约定是不能买的),但是在另一位辅导员老师的提醒下,他也明白自己违反营规了,随后将饮料换成了矿泉水。

专家点评

想道歉对方却不领情,不但问题未能化解,反而产生新的问题。正如作者所言:找对方法才能事半功倍。孩子尽快掌握事半功倍的运作要领,既有利于提高学习的效率,又有利于提高办事的效率。在解决问题时,方法显得很重要。

其实,学会与人相处是每一个人终生的课题。与陌生人相处要讲究方法,与熟人相处也不例外。学业对孩子的成长固然重要,但与人相处对孩子的成才也不能忽视。孩子的全面发展,一要依靠学校教育;二要依托校外的活动;三要依赖家长、老师等的引导。

(曾伟良:广州市团校青少年校外教育资深导师、主任)

青少年校外教育丛书

安逸并不利于成长

>>> 陈建业

案 例

开营仪式结束后进行的第一个项目就是团队建立。团队建立的目的是要告诉孩子们，任何一个地方都离不开集体，互相协作才能赢得更好的成绩，营造更加愉悦的氛围。团队建立要选出队长，再由队长带领着小队员们设计队歌、口号，还有队形。在这个过程当中，小朋友们始终处于被动的状态，自我介绍讲话不够利索，唯独一名身材瘦小的小男生鼓起勇气站了起来，自荐要当小队长，同时讲述了自己喜欢的事物以及自己的梦想。最后，他当上了小队长。

小队长虽然年纪小，却显得心智成熟。深入了解后，得知小队长参加此次夏令营活动是拥有免费名额的成员之一，所以他非常珍惜这次参加我们活动的机会。从小父母教育他，要敢于挑战，不畏困难，不管任何时候都不能产生攀比的心理。虽然家里条件不好，父母还是尽最大能力供他读书上学，希望他能够学习更多的知识。而他也非常努力，在这次夏令营中表现得很好。与他形成对比的是，团队里比他大一些的同学都是来自同一个学校，这次参加夏令营也是他们父母集体帮孩子报名的，其实并不是他们自愿选择过来的。甚至有的孩子在日记写到，来到夏令营感觉什么都不好了，早餐没牛奶喝，没电视看，还没iPad玩，这里真的好无聊。

分 析

家庭条件相对差一点的孩子，却拥有更加积极向上的心态。而家庭环境优越的孩子并没有珍惜父母给他们带来的安逸，原因是平时父母都宠爱着自己的孩子，在给孩子创造物质条件的同时并没有给孩子足够的独立成长的空间。孩子会长大，迟早有一天会离开父母，倘若做任何事情都是父母给孩子做出决定，孩子始终得不到锻炼，长不大，独立能力自然相对较弱了。能够创造优异的环境让孩子接触更多高层次的知识面绝对是一件好事，但是没有正确的指引，一味强压自身的想法到孩子身上，就会惹来孩子的抗拒。所以在创造好的环境给孩子的同时要适当让孩子有选择的权利，张弛有度才是孩子最好的成长环境。

00后的孩子生活条件比以前孩子的生活条件要更优越，学习条件和学习机会

更好更多。假设家长为孩子安排满了家长自己喜欢的课程，让孩子跟着家长的思路发展，可能会剥夺孩子独立成长的能力，甚至会破坏了他们的选择能力、独立判断意识。假设有一天离开父母，他们会生活得很不适应，严重的则根本无法适应社会，哪怕家长有能力给孩子创造优异的条件，也应尊重孩子的决定，而非长期宠爱、溺爱着他们。

我们带领大家参加一些团队拓展的游戏，从中使他们发现夏令营内有比电子游戏更有趣的事情。还给他们"开小灶"，讲讲小队长的故事，再让他们讲讲平时家里的生活条件与环境是怎样的。这一下形成了鲜明的对比，让他们真正感觉自己的处境是很优越舒服的，应该要感谢父母，同时应好好珍惜。

结 果

由于年纪小、个子小，小队长在带队过程中难免会受到高年级孩子的冷嘲热讽，小队长毫不畏惧，坚持自己的想法，取的队名叫"熊孩子队"，口号以及队歌都围绕着队名，带着阳光欢乐的气息。在这七天时间里，小队长赢得队友们的一致认可。

专家点评

强者和弱者是相对而言的，经过努力，弱者也可以成长为强者。小队长的案例已经证明了这一点。但是往往被老师们忽视的一点是，在这类团队打造的活动中，团队的竞争与团队的和谐必须达成统一，竞争是手段，和谐是目的。无论竞选出的队长是谁，教师都要引导大家支持他，共同完成团队的任务。

（陈岸涛：华南师范大学思想与政治专业著名教授）

磨练孩子的意志力

>> 杨佐强

案例

"明天,我们将会按照行程进行爬山,寻宝,家长和孩子们今晚请休息好,因为爬山会很艰苦。"教官说完,场下部分孩子就表露出一些消极情绪,其中女生占多数,因为她们不感兴趣,没有耐心。

第二天,爬山活动如期进行。"好累啊。"一个孩子不耐烦地说,路越走越长,人越走越慢,时间也流逝得越快。山口都还没走到,有孩子就开始喊累,开始抱怨了,并且没有耐心走下去了,有些父母也开始一同抱怨。

为了能让此次爬山活动顺利进行,在半山腰的时候,我们整个大队伍放慢速度,负责人决定鼓舞士气:"爬山的意义不在于快速到达目的地,而是在于每位家庭成员能够在此次活动中,增强凝聚力,增进感情,磨练意志。希望大家可以共同克服困难!"

分析

意志是人的一种重要的心理品质,是人们做事获得成功的必要前提。那些从磨难中、从艰辛中走过来的父辈们,生怕孩子也受自己经受过的磨难和艰辛,生怕孩子不能过上比自己更幸福、更快乐、更完美的生活,从而就无限制地娇宠孩子,甚至一味地溺爱孩子,这是错误的教育方法。宝剑承受了煅打,才削铁如泥;梅花承受了寒霜,才芳香扑鼻;种子承受了黑暗的煎熬,才破土而出。人只要成长,就免不了遭遇挫折,如何让孩子面对人生坎坷,如何培养孩子坚强的意志力,便是由家庭教育开始。

我们经常听到家长的抱怨:"我的孩子贪玩,一点意志力也没有,做什么事情都缺乏耐心。"对此,我们可以反问家长:"孩子的意志力不是与生俱来的,而是后天培养的,你们对他进行培养了吗?"有一句话充分说明父母就是孩子的镜子:"想要孩子成为怎么样的人,首先你就得是怎么样的人"。想要你的孩子自觉性强,自制力强,能够坚持到底,就必须从小抓起,家长更要做模范。在孩子的儿童期,父母忽略了孩子的意志力的培养,就等于折了孩子的一只翅膀,使得孩子面对困难和挫折时,唯有低头。

犯困的时候没人命令也会去睡觉，肚子饿的时候常常会狼吞虎咽，这些都不是意志力。为了达到目的即使不喜欢也硬着头皮坚持下去才是意志力。一些家长注重智力投资、智力开发而忽视对孩子意志力、行为习惯培养，从而使孩子意志脆弱，缺乏承受挫折的能力，出现任性十足、生活能力差等问题。家庭的教育方式和孩子意志力薄弱是有很大关系的，家长必须要重视。

结 果

领队意味深长的话，让大家瞬间陷入沉默，几分钟后，我们看到各个家庭大手拉小手，相互鼓励打气，继续前进。

专家点评

有些青春期的学生表现出害羞和内向，但是我们也看到更多的孩子从小就大声地发表议论，肆无忌惮地跟大人甚至老师顶嘴，表现得很外向。原因是多方面的，重要的原因是孩子所处的人际环境是否宽松。有些家长动不动就指责孩子"别插嘴"。久而久之，孩子感到自己一说就错，自我认知出现障碍，真的就不敢多说话了。因此家长和老师最简单的引导方法是让孩子说出他想说的话。

（陈岸涛：华南师范大学思想与政治专业著名教授）

"善待"的魅力

>> 曾伟良

案 例

小女孩阿娇（化名），长得眉清目秀，挺招人喜欢。可惜，有点爱贪小便宜。

某期夏令营，在宿舍里，阿娇趁同学都在午睡时，独自偷偷爬起来，蹑手蹑脚地走到另一个女生的床边，瞧了一眼，便小心翼翼地拿起某女生的洗衣粉，倒在自己的洗衣盆里。当阿娇做完这一系列动作后爬上床，回头再看那个女生，姿势没变，还在酣睡。

第二天下午，阿娇要洗衣服，当她一把拿过自己的洗衣粉袋子时，感觉手很沉，不可能啊，自己的洗衣粉只剩下一点，可是里面却是满满的洗衣粉，味道清香，和自己原来的不一样。细看了看袋子，的确没错，正是自己洗衣粉的袋子。

当阿娇从洗手间出来，一眼看到那个女生的洗衣粉袋子干瘪了，而她正冲自己笑着眨眼。此时，阿娇的喉咙似乎被什么堵住了……

那个女生说："当我看到你偷偷将我的洗衣粉倒在你的洗衣盆里的时候，我

引导的艺术

不知道该怎么做，于是，我偷偷给妈妈打电话，妈妈告诉我：'如果你的洗衣粉很多，你会偷别人的吗？'我说不会。妈妈又说：'如果你的洗衣粉很多，可以分一些给需要的人。'就这样，我把自己的洗衣粉倒了给你。"听完，阿娇情不自禁泪流满面。

分 析

小偷如同过街老鼠，人人喊打。但是在不损人格的前提下，在不影响正常学习、工作、生活的状态下，暗谅胜明争。善待每一个人，才是我们做父母必须教会孩子的。

有时，一句简单的话、一个小小的举动，可以改变一个人。有时，做人装糊涂并不吃亏。作为父母，永远也不要忽略"善待"的力量！应教会孩子学会独立处理特殊问题。案例中那个女生的妈妈选择用善意的方式去帮助阿娇，而非拆穿她，这样既保护了阿娇的自尊，又让阿娇知错能改，真是一举两得。那个女生选择不声张，先咨询母亲，也很值得赞赏。

结 果

阿娇非常感激同学和同学的妈妈，并从中吸取教训，改过自新。

专家点评

此案例是教育孩子如何学会宽容和学会善待。如今的社会中，因为大部分孩子是独生子女，家长如果比较娇惯和溺爱，孩子很容易出现自私、斤斤计较和心胸狭隘的问题。如果为人父母能如案例中所提到的妈妈一样，教会孩子宽容、善待他人以及站在对方的角度想问题，那么孩子们一定会有一个宽广博大的胸襟，未来会成长为社会需要的高情商的人才。

（肖宇勇：广州市越秀区文德路小学副校长）

青少年校外教育丛书

少年成长在路上（家长读本）

好父母胜过好老师

>>> 杨佐强

案 例

人格魅力塑造特训营中，九岁小女孩花花留给我很深的印象，她在同来的其他女同学中不太显眼，凌乱的短发下有一张婴儿肥的脸。经了解，这是个在相对忙碌的家庭里长大的孩子，父母很少陪伴在她的身边。

"重要的时刻到了，那就是选队长，有没有哪位同学敢承担起队长这个责任？"身为辅导员的我说完之后，全场肃静，没有一个人敢自荐，片刻之后，只有花花一人上台自荐，但全场却无一人支持，她被冷落了。"我在班里是做班长的，我之前来过一次夏令营也是做队长的！"一阵哭喊后，花花嚎啕大哭，用力地揉着眼睛。当时面对这样的情形，我就和另一位辅导员商量可否给她一次机会，让她做副队长。

可是，在当上副队长之后，我们发现她的问题越来越多：

（1）身为副队长的花花不仅没有带好这个队伍，还添了许多麻烦。比如，她经常觉得别人在说她坏话欺负她；在齐步走时，别人碰她，她会以为别人是在打她，甚至会回头骂人；在宿舍时也会经常说不好听的话甚至骂人，导致其与室友相处十分不和谐。

（2）喜欢挑衅和做鬼脸。一次我在排队时夸一位女同学的头发扎得很漂亮（以下称A同学），结果花花一脸不屑地看着A同学，被我看到了，但我没有说什么。谁知解散后，她居然跑去A同学的房间敲门，对她说："别以为你扎的头发很好看，以后我会扎一个比你更好看的。"说完转身就跑，这一切被另外一个辅导员看到。还有一次，花花和队伍前的一个人起争执，我们辅导员马上去平息问题，很快就解决了。然后我们继续前进，一个辅导员在前面带队走，而我在后面跟着。令人惊讶的是，我看到她一直都在做鬼脸，虽然没有再碰别人，但是她屡次对别人做鬼脸，即使没有行为上的打斗，但在我看来，这已经比行为问题更严重，是人格问题了。

（3）特训营规定不能带零食，带了就会统一由辅导员暂时保管，于闭营那天再归还。在特训营的第二天晚上，几位同学告诉我说花花私藏零食了，我半信半疑。就叫她出来询问，但她一口否认。从她的表情与言语里，我察觉到不对，于是我说再给你一次机会，自己上交就不追究。但她还是不承认，我接着说，如果

再不老实,最后发现私藏零食的话就把这件事上交给营长处理了。她终于知道事情的严重性了,就去房间里把零食拿出来上交了。我以为事情就此结束了,可原来不是。在花花把零食递给我时,我表扬她乖,而就在我说完这句话后不到几秒钟,她的一位舍友拿着一桶薯片出来说她还藏有零食。我很惊讶,但更意想不到的事情在后面。"你这个神经病!这个是我妈妈买给我的,是我最喜欢吃的,不吃我半夜会饿的。"她边吼边哭边推那位同学,转眼同学已被她推到墙上,也哭了起来,我们辅导员老师连忙过去拉开她们,这时我才真正意识到花花的问题有多严重。

分 析

"父母是孩子的第一任老师,父母若放任孩子不管,孩子恶习一旦养成,学校不知要花多少时间和精力来对他进行'再教育',这对孩子、家庭和学校都是巨大的损失。"这是苏霍姆林斯基的名句。一个九岁的孩子本应是天真可爱、烂漫无邪的,但因为家庭教育的缺失,父母忙于工作,缺乏陪伴,孩子得到的家庭温暖少之又少。在长期得不到关注后,孩子往往会做出一些出格的行为以引起别人的注意。此时,孩子的行为已经进入我们称之为"不良"的地步了。家长应多抽点时间与孩子沟通,别把教育只托付给老师,父母是孩子的第一任老师,是孩子的榜样,也是被模仿的对象。家庭是孩子成长的第一环境,家长应抓住每一个能和孩子相处沟通的机会,尽自己的努力不缺席孩子成长的每一段路程,这样孩子的人格才更加完整。对于花花这样被父母疏于照顾的孩子,我的建议是不能批评,而是鼓励。应该做到:

(1)与她多沟通,清楚她内心的想法,带动她和别的同学多交流,多活动,也要多鼓励,多让她感受温暖,感受到被人关注,不要让她在群体生活中感到孤独。

(2)和她讲些做人做事的道理,要她明白自己之前的行为是不能被他人接纳的,让她学会如何与他人和谐相处。

结 果

经过辅导员几天的陪伴、沟通和教育,花花得到了关注、鼓励和支持,感受到了这个夏令营的温暖。她的行为也有了改变,从本来的被排斥到后来慢慢地被

这个群体接纳。记得有一天晚上我去巡房时,花花还跑来和我说她宿舍的人对她好了,还有人帮她盖被子呢。我听到的时候是倍感欣慰的,她从被讨厌到现在被关爱,这不仅是她一个人的成长,也无疑是所有人的成长,我打从心底开心。渐渐地,大家也愿意和她多说话了,她也开始喜欢和大家相处,彼此间的矛盾少了。花花逐步把不良心态摆正了,那种嫉妒的眼神也不再出现了,欢笑多了。

专家点评

根据本案例所述,案例中九岁女孩存在人格、人际关系和自我发展的问题,辅导员有针对性地进行了个性化陪伴、情感沟通和课外教育工作,使之逐步改善并融入营员活动中,达到初步教育效果。但孩子的课外教育,需要持之以恒地跟进、调适,绝非一蹴而就。家长可在营期结束后,在日常生活中,通过借鉴社会工作个案方法,进行亲子讨论及描述与宣泄的技术形式,充分了解孩子成长期的所思所想,关注孩子与同伴的课外活动与彼此关系状况,进而达到陪伴、沟通和培育的亲子教育成效,构建更适合自家孩子课外教育成长的家庭支持系统。

(邵振刚:国家社工师,广州市天河区青缘社会工作服务中心理事)

做父母也需要资格证

>>> 全 艳

案 例

"友谊天使 点赞创作"营二十多名学生中,有一位十六岁的小男孩小朗很特别,他小小年纪,又吸烟又喝酒。记得有一次我如往常一样去查大家内务,走进一个房间,就闻到一股浓浓的烟味和酒味,我当即盘查宿舍里的同学,就查到了小朗,我当时问他为什么要这样伤害自己的身体,他说:"我爸妈都不管我,你管我干吗?"我说:"你抽烟喝酒你爸妈不说你吗?"小朗回答"他们哪有时间管我呀,每天人影都看不到。"我一怔,宽慰道:"他们可能是忙于工作,疏忽了你,但如果知道你这样的话,爸妈是会很伤心的。"他苦笑了一下,说:"伤心?伤什么心!从我出生以来,他们就管我吃住,供我读书,但从不问我喜欢吃什么?喜欢干什么?还好几次把我生日忘记,我都怀疑一开始他们就没准备好要生我……"

分析

孩子离家出走,孩子大骂自己的父母,孩子跟父母大打出手……

看到这一幕幕,听到这一个个故事,我们不免痛心疾首,孩子和父母怎么了?怎么见面如仇人一般?比陌生人还不如?孩子变坏,孩子与家长之间出现裂痕,或许家长应该多问问自己的孩子,为何会这样?

有的父母是爱孩子的,却很少陪在他们身边,不知道他们喜爱什么,无暇顾及他们。亲爱的父母,当你们告诉孩子你们是爱他们的,而身边的人也会告诉他,天下的父母都是爱自己的孩子时,他们相信了,可是你们的不管不顾,你们的不闻不问,让他们质疑了。他们也有情绪,也有思想,他们也会生气,也会发泄。亲爱的父母,当你们的孩子这样对待你们的时候,请多多问问你们自己,真爱你们的孩子吗?请少一点责备,多一分关爱,学会表达爱。我们都知道爱不是挂在嘴边的,是需要行动的,是从心出发的。

成为一名教师,我们需要拿到教师资格证,这样才有资格去教育我们的学生;成为一名爸妈,同样也需要"资格证",这个资格证便是学会爱你们的孩子。爱是父母必修的一门课程,也是最重要的课程。

我们在知道小朗的情况后,第一时间与小朗的家长取得联系,得知他的父母忙于工作而无暇顾及他,对他的很多情况都不清楚。于是我告知了小朗的情况和想法,父母得知他吸烟喝酒后很是痛心,也跟我诉说着与儿子之间的种种矛盾,他们在家里经常和儿子针锋相对,甚至是动手,但他们也很无奈,"辛辛苦苦在外挣钱为他创造好的生活条件,而他却视我们如仇人一般"。听着电话里面父亲的无奈,我的心也无法平静了。安慰过后,我告诉他们孩子在成长的过程中,需要更多的是陪伴,即使物质上你给予了再多,也无法取代精神上的关爱。爱孩子,就要多多陪伴他们,思他们所思,想他们所想。

结 果

经过双方沟通,小朗体谅了父母的不容易,父母也深深了解自己在孩子成长过程中爱的缺失,于是他们主动提出,在闭营时来看望他。当小朗听说父母要来看望他,他的脸上露出了一丝微笑,我还对他说:"以后不能因为跟父母闹矛盾,就自甘堕落,身体是自己的,不要为了报复,就损害自己的身体,也不要为

了引起注意,而做一个坏孩子,这是愚蠢的。真正的聪明人,是会学着怎样让家人喜欢和爱护你,爱自己,别人才会爱你,答应我,以后可不能再吸烟喝酒了。"他认真地点了点头。

专家点评

　　案例中的男孩处于青春叛逆期,心理学把它称为疾风暴雨时期,孩子的情绪波动会非常大,而此时却得不到家庭精神层面上的关心和温暖,造成他自暴自弃的性格与行为。经过辅导员的详细了解、沟通和跟进协调,在孩子与家长之间初步搭建相互关爱的桥梁,推进孩子课外教育与亲子关系的良性互动。中学生的健康成长,离不开家庭、社会等网络系统支持,其中家庭亲子关系尤其重要。有效的家庭系统内部积极互动,使家庭功能得到良好发挥,反之,则会造成家庭关系紧张、孩子学业与生活一落千丈的不良局面。

　　因此,作为家长的亲情教育,我们认为:第一,要调整好自我心态,看到孩子有逆反心理、和家长对着干的问题,不要觉得诧异,因为这是孩子成长期的正常现象。第二,孩子们通常把自己的东西锁起来,有些心里话也不和家长诉说,甚至与家长有强烈的情感冲突。当孩子有强烈情感反应出现的时候,家长要去听,而不要去讲道理,因为这是一种没有效果的做法,已经被无数事例证明了。我们要倾听孩子为什么有这么强烈的情绪反应,是不是因为孩子渴望自由,渴望独立,我们没有满足孩子的心理需要?还是缺少日常陪伴、日常关爱?抑或其他原因呢?第三,在物质支持外,更应注重精神方面的关心、沟通和引导,才能更好地体现课外教育的真正效用。

（邵振刚:国家社工师,广州市天河区青缘社会工作服务中心理事）

青少年校外教育丛书

少年成长在路上（家长读本）

孩子为什么总啃方便面

>> 曾伟良

案 例

方便面是日本日清食品的安藤百福发明的。安藤每天都要乘坐电车，看到许多人在车站旁的饭馆前排队，等着吃热面条。他突然灵机一动：如果能生产一种"只用开水一冲就可以吃"的面条，估计居家旅行者都会愿意大量购买。于是，他发明了"方便面"。这一发明使日清公司一跃成为食品行业的明星企业。

小娇（化名），十岁，女孩，四年级。报名参加广州市团校举办的"少年行为导向"特训营。

小娇入营后，与来自其他学校的八位同龄同学分在一队。一日三餐，以一队一桌的形式用餐。带队辅导员发觉小娇餐餐都不吃主食，只喝点汤，吃点菜，饭量不能满足日常实际需要量，便每次都叮嘱她吃多点。小娇总是回答："吃饱了。"后来，在参营过程中，我们发现小娇每天把方便面当饭吃。

特训营没过几天，小娇找到医务，表示喉咙不舒服。经检查后，发现其喉咙有点发炎。当天晚上八点钟左右，小娇又找医务，原来她烧开水泡方便面，不小心烫了手。下面是医务跟小娇的对话：

"每顿吃不饱？"

"不是。"

"饭菜不够？"

"不是。"

"那为什么？"

"在家习惯吃方便面。"

分 析

挑食是孩子成长中的通病，虽说方便面简便快捷，香脆好吃，但每餐都以方便面为主，将严重缺少蛋白质、脂肪、碳水化合物、维生素和矿物质等的均衡摄入。如果孩子长期挑食，营养不全面，家长又不做纠正，长期下来孩子的饮食习惯出现问题，身体也会出现问题。家长应从小养成孩子不挑食、不偏食的习惯。同时，在烹调时要调配得当：动物性食物与植物性食物搭配；荤菜与素菜搭配（每餐有荤也有素）；粗粮与细粮搭配（每天有细粮也有粗粮）；干、稀搭配

（早、午、晚有干粮，也有汤和粥）；咸、甜搭配（儿童以少食甜食为佳）。

针对小娇的情况，我们采取了以下的对策：

（1）重申营规。不允许带零用钱、零食。入营后进行随身物品盘点登记，发现私带零用钱、零食没收代管。不易存放的零食立即处理。

（2）监督用餐。每天每餐安排老师与营员同桌用餐，实施零距离监管。形成：洗手—入坐—朗诵诗词—清洁餐具—分汤—装饭的餐桌文化。

（3）不要迁就。孩子若喜欢吃方便面，家长应及时引导。另外家长在家或外出用餐应提前准备好食物，不能让孩子"将就"吃方便面，容易养成坏习惯。

结　果

在辅导员的悉心照顾与开导下，小娇答应辅导员以后按时就餐，不以方便面代替主食。

专家点评

在物质条件丰富的当下，青少年有不良饮食习惯已经成为非常普遍的现象。市场化的销售诱惑与家长的盲目迁就，使我们往往以"爱"的名义纵容孩子走向不健康的饮食习惯。学校（或训练营）的教育对策只能在特定时间里发挥制约和引导作用，生活习惯养成的主要场所还是在家庭里，教育的主要责任还是在家长。为人父母对孩子的饮食不能掉以轻心，包括食品质量、食材搭配、饮食习惯等，都直接关系着孩子的健康。

（熊少严：广州市教育科学研究所原研究员、编审）

年龄最小的营员

>> 曾伟良

案 例

小雄（化名），七岁，男孩，在读一年级，小雄的爸妈是生意人，暑假无暇照管小雄。听说广州市团校举办"少年行为导向"特训营，小雄虽年龄比入营要求小一岁，但在小雄的爸妈的努力下还是争取到了一个名额。

小雄年龄虽小，但他从幼儿园起全托、读书住校，有一定生活自理能力，不过在学习上或活动上较年长的同学显得反应慢些。如拔萝卜，队友已拔好几个，他一个也没拔成，被队友嘲笑；洗漱时动作慢，被队友催赶；发言时结巴，被队友当笑料。小雄因此不开心，天天闹着要走。

辅导员见状格外关心小雄，而小雄从辅导员的关心中得到心理平衡，没有与队友计较。一日复一日，小雄与队友的关系由于年龄的差异，总有点不融洽。有一天野炊，队友在队长的分配下，各自忙着。唯有小雄坐着发呆。看不下去的一名队友，便叫小雄帮忙拾些干柴生火。谁想到小雄借拾柴的机会，溜回宿舍背起行李要走，被工作人员发现并劝止。

平时不爱哭的小雄，这时大哭说："他们都不理我。"辅导员马上解释："他们不是不理你，是看你年龄小，不安排难度大的事给你做，你误会啦！"闻讯而来的队长也劝小雄。

分 析

照顾弱小者是美德，但照顾不要过度，否则，会造成无意伤害。在团队中，过分对某队友照顾，不但达不到预期目的，反而会造成被特别照顾的队友与团队越走越远。案例中的小雄就是如此。可见，照顾人也要注意维护其尊严，否则，照顾会适得其反。从这个案例中，我们意识到：（1）入营年龄要相似。组营招生时严把年龄关；按年龄段分组，以便施教和管理。（2）施教策略要有差异性。对于自理能力差的小朋友，要一边讲一边做，利于其接受；对于理解能力强的小朋友，只要讲，让其做，有利于开发其创新能力。

结 果

小雄回到野炊场之后,队长在辅导员的引导下又重新分配了任务,这次任务分配比较平均,不会特别照顾年纪小的。在之后的日子,大家都像有了默契,互帮互助,共同努力,不再特别照顾哪个人。小雄也更好地融入这个大家庭中,不再觉得被无视,也能更好地理解大家之前的举动了。

专家点评

成长过程中,家长或同伴出于好心的过度"照顾"往往会适得其反。家长的过度"照顾"使孩子动手能力低、责任意识弱,还助长懒惰习惯及优越感;团队中同伴过度"照顾"则不利于受照顾对象融入团队和团队精神的培养,在这一案例中甚至还造成小雄产生受孤立、被冷落的负面情绪。可见,积极、参与、互助、共享才是成长之道。

(邱服兵:广州市团校校长)

长大那一天

■ 我们经常会听到很多家长抱怨：我的孩子怎么越大越不听话？进入青春期的孩子开始独立思考，开始筛选大人说的话，他们对世界有最初的体验和认识，对于家长的管教开始有所反感。但由于孩子涉世不深，这种筛选过程难免失之偏颇。不少家长困惑，怎样才能使孩子顺利地度过青春期？孩子进入青春期家长应该为孩子做些什么？以下的几个案例也许对家长有所启示。

—— 曾伟良

青春期的内向并不可怕

>>> 唐 妍

案 例

在钟落潭基地,为期七天的"少年行为导向"特训营里,小组二十人当中有一名初中生,小琳(化名),女生,高高的个子,在小组中非常显眼,她不爱说话,性格内向,也很少和其他小朋友一起玩。可能是因为年纪在队里面稍微大一点,又是第一次参加冬令营,小琳显得很害羞。

在小组队员自我介绍的时候,小琳只是用寥寥几句介绍了自己叫什么名字,来自哪里,读几年级。站在团队中间的时候,她也低着头,目光不敢直视前方,也不敢与人对视。平时,她也不愿意与人交流,整个人显得呆板,甚至孤僻。我与其母亲联系,从通话中得知:小琳自从进入青春期就像变了一个人。其母亲企盼通过特训营,让她有所改变。

根据小琳的情况,我们有针对性地开展互动游戏。我问:"谁上来发言,谈谈自己的想法?"孩子们都躲躲闪闪的,嘻嘻哈哈的。"都不讲话啊,那我就叫平时发言最少的人上来",我指向那位内向的女生小琳。"来来来,让我们以热烈的掌声欢迎小琳。"说完,不见她上来。接着,我又鼓励她,"没事,上来随便说两句"。她回答不知道说什么。我说:"不知道说什么也可以,你就上来做个模特,摆个pose(姿势),让我们大家好好看看你。"话音刚落,人群里就乐开了花,那个女孩也被逗笑了。她上来之后,仍然是不开口,低着头,什么也不说。看得出,她只是有点害羞,在陌生的环境放不开自己。于是,我运用"采访"模式,问她:"你平常喜欢听谁的歌?""嗯,羽泉的。""羽泉的歌不错,你觉得哪一首能够作为我们这一次集体表演的曲目呢?""奔跑。"她回答,我开始拉动她与底下的同学互动。"同学们觉得怎么样啊?"底下的同学议论纷纷,意见不一,小琳说:"我觉得这首歌很好听,而且很好唱啊。"于是,我顺水推舟,接着问:"你为什么参加特训营?"她说:"因为这里比较好玩。"这样一来,她的话也多了,对新环境也没什么戒备和抵触了。在接下来的活动中,小琳表现得比以前活跃。

分 析

当孩子进入青春期,家长们格外关注孩子的变化,担心孩子不愿意与人交

流，性格变得内向，也担心孩子长大后因为内向而吃亏。

进入青春期的孩子是很敏感的，他们的情绪十分波动，对外界评价以及看法也十分在意。这不是一种可怕的现象，我们不需要用异样的眼光看待，既不要把孩子的这种内向当作一种"病"，也不要不理不睬，不予重视。相反，我们应该秉持一颗平常心，多了解和关心孩子，多带其与外界交流，多创造沟通的机会，让其成为开朗自信的人。

对于这类孩子，互动十分重要。我们需要掌握好"火候"，讲究方法，切忌揠苗助长。在与她相处的时候，不要"硬碰"，而是通过慢慢的观察了解，以一种较为平和的方式接近她，让她放下心理防备。在整个过程中应不断鼓励她，积极地带动她，在与她熟悉之后，她自然就会把你当朋友。这样，你就会发现孩子的话会越来越多，也变得越来越活泼、开朗。

在特训营期间，我利用饭前饭后的闲暇时间对小琳进行深度辅导。我告诉小琳：青春期，是孩子开始对这个世界有了自己的定义和想法的重要时期，阳光的性格更有利于表达自己和保护自己。

结 果

后来，我们一致决定选一首大家同意的歌曲，将会唱的孩子和不会唱的孩子分成两队，由会唱的孩子教不会唱的孩子。我发现小琳十分尽力，一直用心在记歌词，并细心地教那些不会唱的同学。我问和她住在一起的同学："小琳是不是比以前开朗多了。"同学们说："熟悉之后，感觉她话多了，人也开朗了许多。"

专家点评

孩子在青春期发生的变化是家长普遍关注的事。小琳在特训营期间，随营辅导员采用团队互动和个别介入，效果明显。但仅依靠参加校外教育活动来帮助孩子克服青春期的困境是不够的。主要还需要家长陪伴教育。家长首先要以身作则，发挥榜样作用；二是尽量创造孩子与人交流相处的机会；三是要了解孩子进入青春期的生理心理特点，及时发现问题，正确认识并及时引导。

（邱服兵：广州市团校校长）

吴家有女初长成

>> 周文芳

案 例

营员小吴（化名），女，十二岁，就读于某校五年级。在2013年夏令营中报了一至四期，参加期数之多，个性之独特，令很多辅导员及老师印象深刻。

在夏令营期间，小吴曾大声吼道："你有什么资格这样子说？我爱干嘛就干嘛，交了钱我来这就是来玩的，警告你，不要惹火我，不然我什么事都做得出来。"她的话惊呆了同宿舍的所有营员，也气哭了辅导员。

她的"事迹"还有很多，比如在第二期有天深夜收拾行李自行离开（所幸后来被辅导员及老师及时阻拦），第三期不听劝告上蹿下跳导致跌伤，第四期不服管教气哭辅导员……相比其他营员，一个夏令营下来，小吴的表现的确算得上"劣迹斑斑"，那么，应该如何面对这样一个让人头疼的孩子？

分 析

青少年正处于发育阶段，在此阶段，性格往往会变得比较叛逆，这是青春期不可避免的问题。本案例中的主角小吴，自幼被送到体校，因而性格直率。小吴的父母十分爱护她，但他们经常在外工作，对其行为并没能及时进行教育，导致十几岁的小吴有着一般孩子没有的独立，有着一般孩子没有的霸气，但也有着一般孩子没有的落寞。

针对不同的情况，我们会进行不同的处理。这一次我们采取的是第三方介入和个案法——联系专门负责青少年心理方面的T老师与小吴单独谈话。T老师很快到场并与小吴进行沟通。经过沟通发现，小吴经常一个人在家，养成自立的好习惯的同时也让其坏习惯没人管理，不受约束，而第二期恰巧是体验营，比较接近军训模式，让小吴觉得处处受限制，才会对辅导员发泄。

其实，小吴并不是个不讲理的人，慢慢和她分析，深入了解她的想法，告诉她怎么样去换位思考，她还是会理解的。

但是，小吴为什么屡错屡犯，屡犯屡错？或许与其父母脱不了关系。每一次发生了什么事，小吴都会马上打电话回家对父母倾诉，而每次都能得到父母的支持，不论对错。可见，家长对孩子反映的情况要分清是非，否则会害了孩子。

结 果

经过解析与教育，小吴认识到自己的不当行为，并答应接下来几天要与其他人好好相处。在随后的几天里，小吴的脾气还是相对暴躁，但是已经不会大吼大叫或者和人动手了。

专家点评

青少年的教育是一个漫长的过程，每走一步都会留下脚印。每一个孩子都是天使，是什么让孩子长大了却成为了折翼的天使？原因或许有很多。而其中一个重要原因或许正是孩子们最亲的人——父母。有句话说得好，父母是孩子最早的老师。此案例揭示了父母的言行举止可能会对自己的孩子起着潜移默化的作用。家长对孩子的成长足迹要时刻关注，错的要及时纠正，对的要及时肯定，尤其是原则性的问题不能迁就。

（曾伟良：广州市团校青少年校外教育资深导师、主任）

孤独的佼佼者

>> 周文芳

案 例

炯炯（化名）是一个很帅气的孩子。正如他的名字一般，炯炯有神的眼睛，配上坚毅的脸庞，小小年纪就有一种特别的气质。炯炯说话声音也很洪亮。或许是被炯炯的个人魅力所吸引，第一天选队长的时候，大家不约而同选了炯炯。他也很负责任，一当选队长就整理队伍，很有"新官上任三把火"的味道。

然而几天后，队伍却变得很涣散。辅导员于是加强了管理，并且试图找出原因。结果发现一个奇怪的现象：炯炯很勤奋，但大家都不买账。

于是辅导员进行了深入了解，发现大家不买账的原因相对一致：觉得炯炯"特立独行"。一方面，炯炯表现得不屑和他们玩；另一方面，炯炯在队伍中的管理虽然严，方法却基本靠吼。辅导员也私下问过炯炯，炯炯表示"大家都不听，我也管不了啊"……

分析

"优秀的人总是孤独的。"在大多数情况下,这句话是对的,又是不对的。说它是对的,是因为优秀者毕竟凤毛麟角,不然如果满世界都是,那就说不上谁优秀了。说它是不对的是因为优秀的人不一定孤独,古往今来,不少优秀的人善于交际,住所经常高朋满座。那么,如何成为一位受欢迎的佼佼者,确实是一门学问。

佼佼者是孤独的,是指在成就方面;但佼佼者也可以是备受欢迎的,这是在人际方面。在这个案例中,我认为,一开始造成炯炯孤独的,不仅仅因为他自己或队伍中的小伙伴,还应该负责的是炯炯的教育者。"成绩好的人一切都好,成绩不好的人一切都不好",持这种认知的人是有失偏颇的。世界上并没有十全十美的人,也没有从不犯错的人,如果一味偏好或一棒子打死某类人,习惯性帮别人贴标签,对别人关上自己的心门,最后影响的还是自己,可能会因此失去一个认识结交朋友的机会。

辅导员意识到炯炯可能也有自己的烦恼和郁闷,于是采取了肯定法和安抚法,先肯定炯炯这段时间的付出,再站在他的角度评论大家的行为。炯炯得到了肯定和鼓励,把这段时间的经历完整地说了出来,也把自己的心里话说出来了,越说越激动,后来一边说一边哭。

接下来,辅导员看炯炯情绪已经稳定下来了,心中也没有什么郁结,就开始和他仔细地分析。比如问他一开始为什么觉得大家表现不好,炯炯说是因为问过大家成绩,有些人成绩比较一般。了解清楚相关情况之后,辅导员进行了引导,包括说明并不是成绩不好就一切不好,还有他之前做队长时管理上有什么可以做得更好的地方等。

结果

经过这次谈话后,炯炯表示自己知道了,会做好队长兼"大哥哥"的角色,和大家一起好好努力,争取表现得更优秀。后来几天辅导员都有意观察炯炯,并且发现炯炯的言行和表现确实不一样了,他不断地融入大家,大家也越来越喜欢他。

后来辅导员曾问过一个队员:"为什么之前不和队长玩,现在又和他玩

了？"小家伙们很快回答道："本来就喜欢队长啊，但是他一开始不和我们玩，所以才不和他玩啊。"

很直接，也很简单的一个回答，解释了一切，至少是小朋友眼中的一切。

专家点评

案例中小小年纪的炯炯各方面都优秀并自律，这是其受到良好的家庭教育和学校教育的结果，多么难得和可贵。但他不合群，甚至不受欢迎的个性短板，又让他苦恼。

在社会上这种有鲜明个性的优秀人才常常伴随着争议，因为当今社会仍未形成让有鲜明个性的优秀人才成长的宽容氛围，许多有鲜明个性的优秀人才在非议和指责声中，为了合群和迎合潮流，磨灭了个性及特有的优秀品质而混迹于茫茫人海中，甚为可惜。

作为教育者（家长、各类教师）应对像炯炯这类有鲜明个性的优秀孩子加倍爱护，积极引领，严格指导，让其在各项社会实践活动的磨练中日臻成熟，成为有理想、有才华、能担重任的社会栋梁。对这样的孩子，我们对教育者的建设是：

加倍爱护——人才难得，要以正确的人才观去培养；

积极引领——引领其向高层次发展，提升领导力（奉献精神、自律自强、保持激情、博学多才、坚韧不拔、组织号召力……）；

严格指导——坚定其努力方向，又要让其宽容灵活待人和被认同。

（张仲庆：广东青年职业学院客座教授，广州市家庭教育专业委员会副理事长）

两性相处的误区

>>> 陈建业

案 例

为期五天的"小点子大智慧"创新思维营的队伍比较特殊,由九女一男组成。大部分同学都相互不认识,仅有两名女生是结伴而来。

有一天,小琪(化名)闷闷不乐往洗手间跑去,我问她:"你怎么了?跑得这么急?"小琪委屈地看了我一眼,便躲进洗手间里哭泣。

我问其他人小琪为什么哭,队长说:"在等上菜时,我们玩了一些小游戏,字条传话。当男生将纸条传到小琪手里的时候,她接过纸条,还没打开看就哭了。"在场的小琪的女同伴告知大家:"小琪是一个特别容易害羞的女生,从小到大都没有跟男生接触过,所以对男生会非常反感,甚至接受不了男同学的接近,在学校也是从来不跟男生讲话、交流。如果老师无意中安排她与男同学一起完成小组作业,小琪就会哭。老师,这次吃饭,你安排小琪跟男同学坐一起,她当然就哭啦!"

了解了小琪哭的原因,我找到她进行深入了解及安抚,得知小琪从小在家受到传统教育,父母告诉小琪:"在未成年之前,男生女生之间不允许有身体接触,不能一起做游戏。"小琪铭记父母的话,性格越来越腼腆。

正处青春期的青少年,难免两性相吸。小琪在上学期喜欢上一名男同学,由于不知如何表达,唯有每天在日记本记录对男同学的思念。

不料,一天下午放学回家,妈妈已在客厅等她。一见小琪就开始严厉批评:"早恋会让你学习成绩下降,注意力不能集中"。原来妈妈偷看了她的日记。小琪与妈妈争吵起来。这件事给小琪留下了阴影。从那以后,她每天放学就回家,因为妈妈禁止她外出。原本腼腆的她更加封闭了,完全不与男同学接触。

分 析

生理发育伴随心理发育,这一成长过程是每个人必须经历的。然而,当问题出现时,很多家长就慌了神,不会用正确的方式引导孩子,而是采用打骂或禁止与异性接触和交往等简单、盲目、粗暴的教育方式。

我们联系了小琪家长,核实情况。原来小琪家长的表达方式一直让小琪误

解，家长只是希望小琪在成长的过程当中不要因为男女同学的情感耽误了学习，才告诉她不能够接触异性。由于表达的方式过于强硬，导致小琪认为不能够碰触异性。至于早期引发的矛盾也只是因为跟孩子缺少沟通导致的。

小琪父母不应大惊小怪，上纲上线。我们建议他们采取以下引导方法：

（1）教孩子与异性相处的分寸。

（2）让其领会爸爸妈妈的用心良苦。

结 果

经过一系列的补救措施，小琪对男生终于不再那么排斥了，也不会因为要和男生相处就产生恐惧、厌恶等负面情绪。但是，由于小琪接受这样的两性教育由来已久，要恢复到正常水平还需要一定的时间。

专家点评

早恋是一朵带刺的玫瑰，我们常常被它的芬芳所吸引，然而，一旦情不自禁地触摸，又常常被无情地刺伤。家长们深知早恋的危害，所以才会在平时对孩子的异性朋友交往管得比较严格，一有蛛丝马迹就要查个水落石出。不少家长方法欠妥，不尊重孩子的人格尊严，私拆子女的信件，查看日记，偷听电话，疑神疑鬼。一旦确认孩子早恋，有的家长更是对孩子大动干戈，拳脚相加，效果却适得其反。我们建议，家长的思想观点不能总是停留在自己的年代里或者是自己的思维世界中，要学会与孩子沟通，帮助孩子正确认识两性交往，顺利度过青春期。

（曾伟良：广州市团校青少年校外教育资深导师、主任）

青春期的逆反心理

>> 杨佐强

案 例

"老师，我要求换房间，在这里我好辛苦，每天他们都用粤语骂我，说一些我听不懂的话，他们三个人一起玩也不会叫我，还常常欺负我。"在一次夏令营活动中，一个男孩向我投诉。我觉得问题挺严重，因为那三个男孩之前已经气走过一个同学了。

"我再次声明一下，你们来到'少年行为导向'特训营这个团队并不是来度假玩乐的，我不知道你们父母是用什么方式哄你们来的，在我的队伍里我就要更正你们种种的不良行为，在这里没有公主和王子，也没有大哥，更加没有权利欺负别人。"我教训了那三个孩子，还让他们开始体能训练。

"再次提醒一下同学们能吃多少打多少。"我在饭堂对学生们说。"老师，他们不吃饭。"一个学生指着那几个同学打断了我的话，我转头望去，原来是今天挨批评的那三个孩子，他们用绝食作为对我的批评教育的反抗。

分 析

青春期的孩子该如何教育？这个问题使许多家长很苦恼，也经常碰壁。到底该如何正确与他们相处，如何教育，是我们需要思考的问题。孩子们处于青春期这个特殊时期，往往会和父母对着干，因为他们试图冲破家长老师们的约束和管教，所以常常会犯一些错误。这时家长往往会大发雷霆，用命令的口气要求其改正，处于青春期的孩子自尊心很强，他们的内心受到伤害，连亲子关系也会变得不融洽。如何与孩子正确地沟通，如何让孩子尽早走出青春期这个人生拐点，需要我们用恰当的方式和孩子多多互动，沟通交流。

青春期并不可怕，可怕的是不会沟通，或者没有沟通好。很多家长都束手无策，不知道该怎么做。家长们要懂孩子们心里的想法，打、骂，或者是得过且过的放纵，都会让孩子瞎折腾，走弯路。只有有效正确的朋友般的沟通、引导，才能找到孩子心里的那扇门，搭起通往孩子内心的桥梁。青春期的孩子往往很多时候知道自己是错的，但还会理直气壮地反驳你，有各种的不服气不服输，在这样的情况下，我们更加不能借孩子不听话而把自己情绪也发泄在孩子的身上，因此

我们首先需要处理好自己的情绪,孩子能否走过青春期,快速转变为一个有担当的成人,家长必须要做指导工作。

结 果

我们与那三个孩子的家长取得联系,知道了孩子们的脾气、性格方面的特点,先不提刚刚犯错的事情,看到他们的情绪平稳了,再慢慢和他们沟通。他们也从一开始的不吭声不理人,慢慢会点头回应,然而我们再拿些美食来"勾引"一下他们,这三位小朋友最终忍受不了看着别人吃饭,最后还是乖乖吃饭了。小朋友的本性是天真可爱的,吃完饭回到房间再和他们谈谈心,得知他们都知道自己的做法是错的,只是觉得很迷茫不知道该怎么做而已。之后他们也各自写了检讨书交给了我,透过这几页纸,我感受到孩子们是真的在成长。

专家点评

青春期的孩子处在一个很特别的叛逆阶段,这个时期的孩子以为自己已经长大,总想冲破家长和老师们的约束和管教。身为家长和老师,如果用简单粗暴的方式和他们相处,只会适得其反,欲速则不达,使亲子关系很不融洽。家长和老师们必须要以平和的心态和孩子保持积极的沟通和交流,多关爱孩子,理解孩子,正确引导孩子走出青春期从而迈向成人阶段。

(肖宇勇:广州市越秀区文德路小学副校长)

拒牵异性同伴的手

>>> 曾伟良

案 例

小洋（化名）和一群差不多大的同学，报名参加广州市团校举办的"少年行为导向"特训营。在夏令营期间，每到需要彼此牵手方可完成的游戏都会遇到一些问题。

参加夏令营的七十二名同学来自不同学校，年龄在十至十二岁间。分成六组，每组十二人，男女各一半，配两名辅导员。队长小洋跑来向老师报告：男女生拒牵对方的手，穿越彩虹的游戏做不了，舞蹈排练不下去，怎么办？

当天晚上，安顿好营员入睡后，根据小洋反映的情况，辅导老师们开会时提出——如何引导同学牵异性同伴的手？有的老师说，这种情况听过，没见过；有的老师说，上网查过有类似的情况发生；有的老师说，当年自己像他们那么大时也出现过这种情况，后来被老师批评，才勉强牵对方的手，完成团体表演。

第二天，陈老师在早间训话时讲到："同学们，玩穿越彩虹的游戏，排练拉丁舞时，身体难免要与异性接触，难为情可以理解，但由此导致烦恼与困惑，甚至反复洗手，拒牵对方的手也是不可取的。希望大家勇敢面对新问题、新情况。"

分 析

在孩子十岁左右时，会进入性心理发展的异性疏远期，性别意识觉醒，因此引导他们正确对待异性交往非常重要，异性交往教育迫在眉睫。

通常十至十五岁的孩子正处在小学高年级和初中阶段，他们刚告别"两小无猜"的异性交往期，进入性心理发展的异性疏远期，这个时期伴随着身体的发育，心理上对"性"产生了兴趣，内心深处产生近距离接近异性的愿望，只有适时对孩子进行引导，孩子才可走出因性带来的困惑。

家长要教会孩子正确看待男女关系，不要受"男女授受不亲"的旧观念影响；同时不要常说"不要和男孩或女孩玩"之类的话；而应帮助其树立正确的两性交往理念，使他们懂得哪些接触是正常的交往，哪些行为应该适当注意。孩子想获取这方面的知识，可通过学校设立的心理咨询室或小信箱，向老师求教。切忌因害羞而无知、不作为或乱作为。针对案例中的情况，我们采取了以下措施：

（1）运用游戏规则引导孩子接触。设计彼此间牵手的游戏，用规则消除戒备。

（2）制订激励办法促进孩子融入。以游戏完成的情况衡量团队合作，以比赛形式促进孩子融入。

（3）老师参与发挥示范作用。老师介入到不愿牵手孩子中间，一起活动。营造人人参与活动的氛围，拉近孩子间的距离。

结 果

我们的努力初见成效。小洋再次向老师报告：同学们由羞答答到笑哈哈牵着对方的手，积极投入活动之中。

专家点评

中国的家长关心孩子的学习、健康居多，而关心孩子如何与异性交往的甚少。父母可能认为孩子在成长过程中会自然而然地学会如何与异性交往。从这一案例反映的情况来看，老师、家长适时教育孩子以正常心态和方式与异性交往是非常必要的，有利于孩子健康成长和健全人格的形成。

（邱服兵：广州市团校校长）

认错则进步

■ 孩子难免会犯错,除了批评外,家长可以采取其他的应对方式,而且效果常常比批评好。当我们不去着眼于孩子外显的"犯错"或者"过失",而是去探究背后的缘由,如果孩子不懂我们就教给他,如果孩子不知就告诉他,如果造成不利的后果就引导他们如何弥补。这时候"犯错"就不再像看起来那么糟,相反会变成一个机会,我们可以借此帮助孩子成长也让他们感受到我们温暖的爱,这不正是我们想要的吗?

—— 曾伟良

认错则进步

正确看待孩子犯错

>> 唐妍

案 例

在一个阳光明媚的下午,我们组织了一场激动人心的"真人CS"比赛。我们小组分成了两个小队,进行对抗赛,一队是红军,一队是蓝军,每队八人,各有一个队长,所有成员都有三条"命",最后哪队"存活"的队员多,即为获胜。获胜队的每个队员都能获得丰富的奖品。

小朋友们都按捺不住了,听说要打枪战都兴奋得不得了。首先要选一名队长出来,负责总指挥和排兵布阵,小朋友们叽叽喳喳地讨论开了,一旁的家长偶尔也给出自己的意见。

哨声一响,孩子们就紧张迅速地找到掩护,然后进行"火拼"。"这边,打那里。""你们两个去右边,双面夹击,其余几个跟我一起从后面过去,进行包抄。"蓝队的队长是一个小男孩,看起来十分沉稳有经验的样子,他指挥得当,不疾不徐。红队的队长是一个短发的女孩子,她和她的队员们,一窝蜂似地行动,没有分散兵力,最后被蓝军击败,全军覆没。

这场比赛就这样分出了胜负,看得出红队小朋友们对这次失败有点介意。这时,我听到小女孩的妈妈对她说:"哎呀,刚刚妈妈说你不听,叫你们不要一起冲上去,不要扎堆在一起,要分散蓝军注意力,现在被击败了,也没用了,你看蓝队的队长指挥得多好。"

分 析

我们的传统观念告诉我们要少犯错,犯错不是一件好事情,可是仔细想想,犯错就一定是坏的吗?一定只会带来负面的东西吗?答案是不一定。现在很多家长都担心孩子犯错,孩子一犯错,就立马喝止,进行指责,而不去耐心地和孩子一起分析问题所在,为什么会犯错,怎么解决问题,改正错误——后面的这几个重要而关键的步骤,往往被忽略。

犯错是每个孩子成长过程中不可避免的,孩子们都害怕犯错,因为一犯错,就会招来家长或老师的责罚、同学的嘲笑。所以,很多孩子在犯错之后,往往会不敢向前,生怕自己再犯错,再招来责骂。所以他们越来越不敢去尝试,变得胆

小和怯懦。其实，犯错并不可怕，可怕的是面对犯错，有了畏惧的心理——不敢犯错，不能勇敢面对错误，不改正错误。但换个角度想想，犯错是给我们重新审视自己的机会，是让我们更好地进步，犯错未必不是一件好事。古人说，人非完人，孰能无过，知错能改，善莫大焉。孩子在犯错误的时候，首先不要指责，如："你怎么这么笨啊""不是这样做的，怎么又错了啊""你看别人做得多好，你怎么就是做不好"，等等。反之，要耐下心来和孩子一起分析出错的原因，找出原因后，进行改正，事后再总结和汲取经验教训。相对于一顿责骂，教给孩子遇事处理问题时冷静的头脑、良好的心态和解决问题的方式，这样的言传身教才能让孩子受益。

我们容许孩子犯错，并不等于包容孩子的错误，放纵孩子错误的行为。而是，当孩子有了"害怕犯错"的心理，我们要鼓励他，不要害怕出错，不要害怕丢脸，不要害怕被嘲笑，这样才能够克服心理障碍，变得勇敢，能够战胜自己，仔细总结为什么会犯错，避免犯同样的错误，拥有一个良好的心态，正确的方法才是制胜法宝。

对犯错的孩子定要安慰在先。小女孩一听，又是小伙伴们的埋怨，又是妈妈的指责，受不了，哇的一声哭了。看到这样的情况，我们只能立马把她带到一个安静的地方，耐心安慰她。其次帮助犯错的孩子分析原因。案例中的小女孩不停地抽泣，这时，我对她说："不要哭，你已经做得很好了，那个队长是男孩子，肯定比较有经验啊，我们女孩子肯定没那么懂嘛，不要紧，这次输了没关系，但是，你看，刚刚在发起攻击的时候，我们是不是应该要分散自己的兵力，几个在左边，几个在右边，有一两个冲锋前线，留一两个后备，然后砰砰砰，把敌人全部消灭。"说到这，她看着我滑稽的动作，噗嗤笑了。

第三，鼓励犯错的孩子正确对待批评。看到她情绪好了一点了，我语重心长地跟她说："不要太在意批评，更不要因为这次失败而变得不相信自己。你会犯错，老师会犯错，我们每个人都会犯错，但是，我们不要害怕它，我们要分析为什么错了，然后改正它，这样，我们下次就不会再犯同样的错误了，对不对？"她点点头。

结 果

我们把小女孩的情况跟她妈妈说了一下，她的妈妈也意识到自己刚刚那么说

有点不妥,也觉得应该换个角度来看待孩子的错误。在接下来的一场对抗赛中,小女孩指挥得明显有进步,和对方打得十分激烈,难分胜负。虽然还是因为对方太强,最后以微弱的劣势败下阵来。但是,在面对这一次失败时,她不再只是哭泣,而是和她的小伙伴一起分析为什么被击中,还过来询问我的意见,努力寻找被击败的原因。我想,这就是我们最想看到的。

专家点评

　　孩子是在错误中成长的。孩子的错误有两类,一类是活动中的策划不当、经验不足导致的失手,也包括做作业粗心大意或理解不透而出的错,与道德品质无关;另一类是行为习惯和道德品质方面的不当。孩子犯错不要紧,重要的是犯错后对待错误的态度。"亲子营"对抗赛属于不涉及道德法律的得失之争,重在投入、协同,重在参与和体验。孩子的亲身体验是最有价值的,家长要是由于自己比孩子高明而动辄指责,就把自己的水平等同于孩子了。如果这些活动都要受到不恰当的训斥,就容易使孩子变得怯懦畏缩,不敢面对挑战,体验挫败,唯"权威"马首是瞻。

（熊少严：广州市教育科学研究所原研究员、编审）

错过的陪伴

>> 周文芳

案例

小瀚（化名）是一名小五升六的学生。2015年的暑假，他参加了广州市团校举办的为期七天的暑期夏令营。

入营的前两天，风平浪静。第三天的晚上，小瀚的情绪突然出现了较大波动，一个人躲在角落泪流不止。经调查跟进发现，小瀚是在打了一个电话后情绪开始出现明显变化的。

据小瀚所说：他生日快到了，他对本次生日期待很高，想和在家一样丰盛。因营地条件所限，无法实现，引发其情绪波动。辅导员肯定了他对自己生日、对自己成长的重视。同时，劝导他理想与现实之间可能存有差异，要正视。当理想无法改变时，要学会适应环境。

另外，这次生日本来小瀚很想邀请其他朋友聚一下，但是觉得自己身边的好朋友越来越少，说到这又掉泪了。辅导员深入沟通后发现，小瀚是一个很重视友情的人，之前有一些小伙伴一直感情不错，从小玩到大，但后来随着各自升学或搬家等原因，渐渐失去了联系。辅导员试着与其沟通，说随着人的成长，身边的小伙伴有的会留，有的会走，但随着时间和地点的变化，也会不断地认识其他小伙伴。小瀚沉思了一会儿后表示认同，确实也是这样。但是他提出还是很想邀请那群一起长大的小伙伴中最要好的三个，其中一个他知道因为升学原因不能见面聚会了，但是其他两个他还没有告诉他们，担心夏令营回去再说来不及。

最后也是最关键的一点，是小瀚对其父母的想法。小瀚认为，父母很不讲信用，一开始说陪自己过生日，后来因为工作耽误了，说先来夏令营到时陪他补过，最后变成不能补过了。小瀚一边数着之前爸爸晚上和朋友去聚会都不陪自己吃饭，一边委屈地哭泣，好不容易稳定下来的情绪又激动起来。

分析

随着现代社会的发展，人们的物质生活越来越丰富，但是精神财富似乎没有跟上节奏。小孩子心灵脆弱，依赖性强，他们需要的不仅是坚实的物质基础，更需要的是精神支撑，所以不可因为物质丰富就忽略孩子的精神世界。因为没有精神支撑的物质也只是空洞贫乏的。

认错则进步

发现小瀚表现不对劲后,辅导员马上进行了介入。初次介入并没有很好地打开小瀚的心扉,由于小瀚的情绪还是处于一个比较激动的阶段。辅导员进行下一步行动,第二次介入,采取了第三方介入的方式,介入成功。经了解,小瀚原本是明天生日,原本父母答应今年陪他一起过生日,但是后来因为父母有其他事情需要出差,只好安排小瀚来夏令营。一开始小瀚有些介意,不过由于当时父母答应夏令营结束后立马帮他补过,小瀚并没有多说。可谁知今晚打电话和父母聊天的时候,父母又说,夏令营结束后也有事,不能陪他补过生日了。

风过无痕,岁月无声。日子一天天过,有些时候,错过了就是错过了,没有时光机也没有理想中的穿越。整个案例中辅导员一直充当理性引导者的角色,最后目标达成,小朋友也冷静下来,能够理性看待这件事。但是,就个人而言,结果却令人心疼。父母在孩子成长过程中扮演着何其重要的角色,教导孩子诚信守诺,却在重要的时刻毁约缺席。孩子从几岁到十几岁,是最需要父母陪伴的时候,因为这个时候的孩子有着青少年特有的激情与冲动,稍有不慎,便容易误入歧途。这个时期的他们,有憧憬,有迷茫,有惶恐,需要有人在身边。有人会说,孩子青春期的时候父母正处于壮年,此时不拼更待何时?可是等到你时间充裕了再来陪孩子,或许他们已经长大,你已经错过了很多东西。所以,即便孩子们不曾开口,但请父母们不要错过陪伴他们的时光。

了解情况后,辅导员主动拿出电话,提出让小瀚先电话联系那两位小伙伴,邀请他们等夏令营结束之后一起见面,聚一聚,庆祝自己生日,并且告诉小瀚:不能在生日这天一起庆祝确实很可惜,但小伙伴之间的情谊不会因为这样的事情而轻易改变。小瀚欣然接受了。

对于家长失信这个情况,辅导员十分重视,因为孩子与父母之间的关系十分重要。经过又一次的家庭了解,发现小瀚的家庭环境并不差,只是父母对于陪伴孩子这件事可能确实没有那么重视。

于是乎,辅导员用了"饮水思源"的方法:让小瀚先平静下来,再描绘其现在美好的物质生活,能上好的学校,能住好的房子,吃饱穿暖,就物质来说,比其他处于落后地区的小朋友好太多了。小瀚没有什么犹豫就点头了,显然对自己的物质条件很满意。

接下来辅导员循循善诱,让小瀚自己说出能拥有这些条件是因为谁,小瀚沉默了,最后小小声说出了:"爸妈。"辅导员借此分析,为了让小瀚拥有良好的物质条件,爸爸妈妈需要做的事情很多,又要在外面打拼又要照顾家里,其实很不容易。小瀚眼睛红了,略带哭声道:"可是我也希望他们能多陪陪我啊!"辅导员进一步引导:"爸爸妈妈陪你会开心吗?""那你也希望爸爸妈妈开心吗?""你不希望爸爸妈妈不开心,对吗?"对于前两个问题,小瀚确定无疑,最后一个,他陷入了沉思。辅导员静静地等着他的答案,相信这个略带腼腆的男孩会给出自己的答案。果不其然,沉默了几分钟后,小瀚抬起头,坚定地对辅导员说:"老师,我知道了,我希望爸爸妈妈开心,不希望他们因为我不开心,我会好好处理这件事的。"听到肯定的答案,辅导员欣慰地笑笑。

结 果

最后,小瀚说虽然生日过了不能补过,而且夏令营结束当天爸妈不一定都来接他,结营回去当晚也可能见不到爸爸,但是他会和爸爸妈妈好好相处,做他们引以为傲的好孩子。他还说,那天晚上爸爸回去的时候他可能已经睡了,第二天爸爸又很早离开,但是第二天刚好是周末,也许自己还来得及早起煮个面条当早餐,和爸爸妈妈简单地庆祝一下错过的生日。

专家点评

情感的满足与交流,是家庭精神生活的组成部分。现代社会,家庭在满足人情感需求方面的功能日益重要。本案例中,父母没有给小瀚过生日,忽略他情感满足的需要,小瀚只好将情感投射到昔日同学。在家庭教育中,无论孩子还是父母,都有责任满足家人的情感需要,使家庭保持健康活力。只想万千宠爱于一身、不去满足家人情感需要者,必然得不到相应情感补偿。如何营造和维护高情感满意度的家庭?是家庭教育面临的重要课题。

(蒋亚辉:广州市教育研究院德育与心理教育研究室主任)

众人排斥遭孤立

>> 周文芳

认错则进步

案 例

2014年8月,我作为广州市团校的一名少年校外教育辅导员,与另一名辅导员老师共同带队。在带队期间,一个甜美的小女生给我留下了深刻印象,这个小女生叫小宝(化名)。

小宝是一个活泼的小女孩,有着圆圆的脸蛋和一头自然卷的头发,笑起来很可爱,给人一种美好的感觉。一见面,她就很黏辅导员老师。平时活动结束的空余时间,都会跑过来和辅导员玩,辅导员也乐意奉陪。没想到,就是这样一个女孩,没几天就被她们宿舍的其他人排斥了。小宝一脸委屈地向辅导员投诉宿舍的其他成员,同一天的晚些时候,同宿舍的其他成员也来投诉她。

辅导员当即进行调节。一进入小宝宿舍,就明显感觉到一些不同。由于几个女孩子都比较小,一开始自愿四个人一间房。但是现在却变成了"3+1"模式,其他三个小女孩在玩的时候小宝就只能在一边看着。虽然小宝也会插几句话,但其他三个小女生就是不理她,气氛十分尴尬。我们先是进行了双边对话。从小宝处

得知，一开始好好的，后来大家不知道为什么突然一下子就远离她了，私下玩和写作业都不和她一起，她便跑来告诉我们。而从另外三位女生那里得知，本来几个人挺好的，虽然小宝爱往外跑（来找辅导员），她们也没有太在意，但是后来发现小宝有不好的行为习惯（经常骂人说脏话，容易生气打人），所以大家纷纷和她保持距离，后来发现小宝居然还跑来打小报告，于是大家气不过，决定也来向辅导员投诉并孤立她。

了解两边的说辞后，加以观察，我们得出了客观的结论。小宝虽然看起来甜美，但在和小朋友相处时确实会显得较为暴躁。比如几个人在房间练舞蹈动作，有个小女生没做好一个动作摔了，当时辅导员很紧张，但是她自己却很开心，还和大家笑起来。然后大家又聊了起来，小宝也一起笑，但是她还说了几句："做这个也会摔，笨蛋！要是我做这个动作一定很标准……"其他几个女生突然停下来都看着她，见状，小宝又说："干嘛盯着我，我说实话啊……而且是她自己摔的不关我的事呀！"见到几个小女生准备发火，一旁的我赶紧转移话题："啊，到时间可以看电视了！"（作业完成的话有一个小时电视时间。）几个女生听到了，欢呼雀跃去打开电视了。小宝却在此时可怜兮兮地扯了扯我的衣角："老师你看她们又欺负我……"我只能无奈地笑笑，鼓励小宝先积极融入她们几个中，一起看电视。

分 析

索居易永久，离群难处心。人活在世上，总少不了和别人打交道。打交道就是所谓的人际交往。有些家长认为，孩子还小，不用教也没有注意孩子人际交往这方面的表现。殊不知，一切习惯皆由小而起，无论好坏。真正好的做法是，只要事关小朋友的成长，一切都应该：从小时、从小事开始注意。

确实，孩子的行为举止或许还达不到待人接物这种高度。但是，每一次与人接触，其实都是一个人际交往的过程。如果在孩子尚小不能明辨是非的时候不加以引导，那么等孩子长大之后，在很多方面可能就真的如家长认同般"率性直接"了，更进一步，可能也会任性妄为。人活一世，不可能一直活在自己的世界里，家长应该以一种简明易懂的方式告诉孩子，什么该做，什么能做，或者说，怎么样和别人相处会更好。其实，当一个孩子遭到孤立时，她（他）的迷茫无助，她（他）所受的伤害，不比身边任何人少。这时，家长的支持鼓励固然重

要，但是，同时还要把孩子"推"出去，让孩子一步步学会与人交往。毕竟，孩子不可能永远在家长的羽翼之下生活，而孩子本身，也需要同辈朋友。

像小宝这种行为，也许并非是有意的，还需要时间引导。经过一晚的准备和规划之后，第二天我便去找小宝谈话，分析了她前几天的行为，让她先自己换位思考一下，但是还没有明确告诉她应该怎么做。经过一天的努力，看到她们宿舍的女生对她虽然依旧冷淡，但是小宝已经不那么"直来直往"了，我意识到谈话生效了。晚上我又找到小宝，问她的答案，她扭捏了一下，还是说了心里话："其实我知道那样是不好的……我从来都没有注意过这方面。在家里爸爸妈妈都很疼我，要什么有什么，所以我对小朋友也一样，没想到……"我询问小宝打算怎么做，并给她提出了一些建议。

结 果

接下来几天辅导员不断创造机会给她们宿舍集体表现，小宝也十分积极地融入宿舍，一开始还有点磕碰，小宝也有些没控制住，渐渐地几个小女孩之间的隔阂消失了，小宝也越来越少找辅导员了。夏令营快结营了，辅导员根据大家的特长安排小组节目时，给她们宿舍留了一个舞蹈表演的机会。最后，几个小女孩在舞台上绽放光彩，四人舞和双人舞的穿插完美结合，谁也看不出几个小女孩之前有过争执。

专家点评

甜美的小宝在与同伴相处中暴露出许多缺点，从其表现可见，主要是生活在受宠爱的环境下，养成以自我为中心的习惯。这也是一个社会化程度不高、未能培养起集体意识、未能学会与人相处和共事的孩子。孩子学业固然重要，而学会与人共事是现代人才素养中的"五大支柱"之一，是决定孩子未来人生成功与幸福的重要素养，父母应多创设一些机会，引导孩子参与各种活动，学会合作，学会关心，学会交流，学会帮助别人和欣赏别人。

（熊少严：广州市教育科学研究所原研究员、编审）

每个孩子都有闪光点

>> 周文芳

案 例

在一次夏令营中,我接触到小成(化名),不得不说,小成是一个很有个性的孩子。在众多有个性的队员之中,他相当显眼。具体表现为:喜欢闹事,吵架,打闹,打架,窜上窜下,不遵守秩序。最让人头疼的是,在队伍中,小成还"拉帮结派",有几个男生在他的带领下处处护着他,有时甚至孤立那些不"结盟"的人,还有继续拉拢别人的趋势。对于这种情况,不治不行。辅导员先是对小成身边的几个"爪牙"下手,动之以情,晓之以理,让他们别再和小成走得太近。对他们三令五申了夏令营的规定和秩序,要求他们好好遵守,做得好的可以在最后争取优秀营员,优秀营员代表的不仅是荣誉,也是一种肯定和鼓励,到时候还能和爸爸妈妈一起分享。同时,提醒他们之前大家一起定下的惩罚:帮大家打扫卫生,期间获得的奖励或奖品都要无条件分给队伍内其他队员等。在这种胡萝卜加大棒的管理下,几个小男孩及时刹住了车,又回归了队伍。

但是很明显,这套方法对小成没用。同样的苦口婆心后小成依旧我行我素,就是少了跟班而已。

分 析

表现顽劣、喜欢拉帮结伙的孩子其实并不等同于坏孩子。辅导员没有给他贴标签,没有放弃他,反而针对这样具有个性的孩子,采取了激励的办法。让他发挥了精力旺盛、凝聚力强等优点,帮他找到了适合他的地方,并加以引导延伸。辅导员在多次活动中也穿插进去做参与者的角色,无论小成觉得活动多无聊、游戏多幼稚都拉着他结对做活动和游戏。在小成渐渐习惯这种团队模式后,辅导员又当众将闭营时的重要环节——节目表演的筹备权交给他,让他领导大家进行。

因为小成之前的表现,宣布消息时,大家有的惊讶,更有的质疑。辅导员趁机用激将法刺激小成,问他能不能确定做好。在大家的起哄下,小成一口答应。但是接受任务没多久就出现了问题,小成并不清楚节目筹备的流程,于是辅导员就这方面对小成进行了培训,并对他说很相信他的能力,希望他能带着大家获得最好成绩。

认错则进步

结　果

事实证明，小成虽然平时一副什么都无所谓的样子，但在真正接受任务或挑战的时候，还是很认真的。除此之外，不得不承认，小成在分配任务和人员安排方面，确实有一套，就像将自己招揽"兄弟"的一招用了出来。大家很快都进入了状态，配合他分工和排练。

最后，小组出了一个舞蹈、一个小品、一个讲故事和一个歌唱表演，虽然由于时间问题，其中两个并没有排好，但是有两个相对精品的节目也算不错了。

倒数第二天，得知小成要提前回家里参加长辈寿宴，只能待到当天晚上，大家都有些失落。当晚的晚会，小成带着他临时组建的舞队送上开场舞后便匆匆和家人离开了，队员们都默默看着他离开，不少人挥手示意，小成也依依不舍和大家挥手告别。

专家点评

案例中的小成同学，是一个相当有个性、组织能力很强的学生，但绝对不是一个坏孩子。他喜欢闹事、不遵守秩序等行为的背后，是他还没有学会处理自己生活中的诸多关系，尤其是还没有学会处理同伴关系。一旦老师给小成强大的情感和行动支持，他就有了精彩的表现。这个案例给我们的重要启示是：对孩子的不良行为，不能随便贴标签；要厘清他们行为背后的心理需要，创造条件满足他们的心理需要，帮助他们重建自我。

（蒋亚辉：广州市教育研究院德育与心理教育研究室主任）

活跃因子的肆意出没

>> 周文芳

案 例

果果（化名）是一个很活泼的孩子，至少在冬令营里从第一天到最后一天都是这样。果果属于典型的活跃过度的孩子，表现在他可以每天都搞出事情，一天一小事，三天一大事，每次起因都不同。第一天开始他就和队员们产生不少火花，摩擦不断，所幸没有什么严重情况。直到有一天，果果把自己的表弟弄哭了。

这次是因为他借了表弟的溜溜球，而且玩坏了。事实上，这个"借"，是表弟不同意的前提下，果果自己去拿的。所以，当表弟发现的时候，特别愤怒，也特别伤心，因为这个溜溜球是花式表演的那种，一个要几百块，是好说歹说爸爸妈妈才答应买的，而且，这个溜溜球是表弟的生日礼物。

就在表弟控诉果果罪行的时候，果果也没有闲着。他一边说自己不是故意弄坏的，一边说表弟小心眼不肯借他，就忍不住自己拿了。后来他发现表弟哭得更大声之后，竟出奇地安静下来，还扯了扯表弟的衣角。

分 析

这次的情况比较特别，辅导员并没有立刻做出决定。因为说实话，事情并不大。但是，让辅导员忧虑的是果果的态度。一开始两个人都很激动，弟弟说哥哥的不是，哥哥说弟弟的不是。但是后面经过调解，弟弟接受了哥哥的道歉。虽说果果这个哥哥确实说了对不起，但总是觉得没有那么真诚。于是，辅导员做了一个尝试，希望果果自己意识到到底是哪里不对。辅导员简单调和了一下两人间的矛盾，两个人也不记仇，很快又玩得很好了。

然而到了第二天，果果又和人发生口角。果果的态度依旧是嘻嘻哈哈的。这一次，辅导员摆出了严肃的态度，和果果进行了认真的谈话。

果果一开始也不在意，还是说说笑笑的，到后来显然有些手足无措，陷入了沉默。辅导员说："果果，希望你记住，人应该玩的时候好好玩，该严肃的时候也要严肃。有的时候、有些事情，还是应该认真对待的。比如知道自己做错了什么，比如有些事情是不能一笑带过的。知错能改才是正确的做法，不要一直嘻皮

笑脸,到犯下大错时才意识到。"

在谈话结束,辅导员给果果"戴罪立功"的机会,让他参与话剧编写。随后,辅导员发现果果在这方面很有想法,就让他担任总导演,同时自己配演员。但在招演员的时候,果果遭到了不少拒绝,原因很简单,他之前欺负过人家。

在果果苦着脸来找辅导员的时候,辅导员知道时候到了。便特别提醒果果以后要和小朋友好好相处。果果答应后便在队伍中动员大家:这不是为了单独的某一个人,而是为了集体,大家都应该参加,争取荣誉……

结 果

最后,果果在话剧表演中成功完成导演、编剧和主演的任务。而且,大家最后都很喜欢他。因为果果在排话剧的时候很认真,也很拼,收起了之前吊儿郎当的样子。比如剧本,他修改了很多次,大家都很钦佩他。

临别时,果果告诉辅导员:"老师,我之前一直以为那就是幽默。"挥手相别,相信他会有所收获。

专家点评

在这个案例中,果果不恰当的过分活跃,造成了物极必反的效果。孩子以为过分的活跃可以调节气氛,可以让自己更加有幽默感,却不知道这样长此以往,会冲淡自己的羞耻心和进取心,也会对人际交往造成很大的障碍。本案例中的辅导员的正确引导很好地利用了孩子性格中的优点,扬长避短,让果果取得了很大的进步,也增强了他的进取心,使其收获很大。

(肖宇勇:广州市越秀区文德路小学副校长)

青少年校外教育丛书

认错是自我成长的第一步

>> 施晓莎

案 例

2015年7月12日至18日，我与郭老师在东莞市常平基地担任辅导员，带领二十五名学生。我们对自己的学生有一个要求，那就是走路时不讲话。然而，一切似乎没那么容易。

有一天，在回宿舍的路上，郭老师走在前面，我跟在队伍的后面。郭老师把队伍叫停，然后问了一句："刚才谁讲话了，自己举手，深蹲十个。"刹那间，全队寂静无声，没有人愿意站出来承认。郭老师说："我不责怪谁，我只是希望，你们都能够自我承认错误，不小心犯了一次没什么，因为人无完人，但是，如果你们都选择逃避或者隐瞒，我会很失望。"小雅（化名）作为这支队伍的女队长，举手报告说刚才是她讲话了。她自觉地做了十个深蹲。随后，队伍继续前进。到宿舍门口开小会的时候，郭老师说："我今天要特别表扬一个人，那就是我们的女队长小雅，因为，刚才她就走在我的后面，我明明没听到她讲话，但是她却站出来替某些人背了黑锅，这就是榜样，你们应该学习的榜样。"为此，郭老师给她奖励了小红旗，她低着头接受了，什么话都没有说。等到了晚上交日记，我翻看了日记，才知道原来几乎全队的人都写道：其实，队长是有讲话的。然后看到小雅的日记，她也坦然承认了自己其实今天是有讲话的，她当时没有指出郭老师说错了，是因为她挺想得到小红旗的。之后，我跟郭老师反映了这件事。

分 析

现在的小学生，大部分都存在"以自我为中心"的倾向，他们可能在犯了错误后，选择隐瞒起来，一旦被发现了，更多的可能是推脱责任，保全自己。

每个人都希望自己在别人心里留下好印象，如果说从没犯过错，那肯定是最好的。但是，就算犯了错，敢于承认也值得赞赏。我们成长的道路上总是布满坎坷。若想朝着正确的人生道路前进，就不能纵容自己的过错。有人监督，才有进步。

结 果

第二天，郭老师大方承认了他昨天犯的错误，针对队长认错这件事，同样表扬了队长事后依然敢于承认错误的可嘉品质。小红旗不撤回，并且鼓励大家今后犯错了不要害怕，勇于承认是成长的第一步，走出这一步，知错能改，才能赢得大家的支持与信赖。

专家点评

人们常常不肯认错，凡事都说是别人的错，认为自己才是对的，但其实不认错，本身就是一种错。认错也是一种美丽，与其被动挨批不如主动认错。我们的成长离不开犯错，但犯了错，认了错，便是离成长更近一步。

为此，建议老师要多鼓励并教育学生诚信做人；家长不要无故责骂小朋友，要学会原谅孩子的错误，认同孩子，理解孩子；同学之间，不要怀疑，猜忌，而要宽容，才能共同进步。

（曾伟良：广州市团校青少年校外教育资深导师、主任）

青少年校外教育丛书

少年成长在路上（家长读本）

懂事的孩子不是天生的

>> 施晓莎

案 例

在东莞市常平基地为期七天的夏令营中，我担任辅导员，带领的学生年龄在八至十岁。因为年龄偏小，所以，晚上经常会有学生哭鼻子，想妈妈，想回家，但大部分都能安抚住，唯有小强（化名），换了三个辅导员都劝不了。

夏令营的第四天晚上，我照例巡房去收学生的日记，到小强房间时，看到和小强同房间的小潘（化名）眼眶红红的，一看肯定是和妈妈刚通完电话，想家了。我安慰他说："很快就可以回家了。不要辜负妈妈对你的期望，妈妈把你送来夏令营就是为了让你能够独立的。"他点头说好，然后我注意到小强不在房间里，便问他："小强去哪了？"他说小强刚刚打电话时也哭着说要回家，然后郭老师就把他带走了。

我赶紧去郭老师房间，看到郭老师还有另外一位周老师在和小强聊天，我就在旁边静静地听着。周老师问他："你爸爸妈妈工作辛苦不辛苦？"他说："辛苦。"然后周老师又问他："爸妈把你送过来锻炼，是花了钱的，他们赚钱养你已经够辛苦了，如果你半途而废了，一方面他们交的钱不能退，另一方面他们会

很失望的，因为你独立不了，离开他们你就不行了，所以我们坚持留下来好不好？度过剩下的三天而已，你就离成长更近一步了。而且，爸妈也会很自豪的。"这次他的表情有所改变，纠结了一下后，他说："我只想要回家。我知道他们辛苦，但是我想回家。"于是，我示意郭老师打电话跟他父母沟通一下，让他父母说服他继续留下来，说没时间来接他回家。趁郭老师出去打电话，我蹲在他身旁，给他讲自己的小侄子，才六岁，就被送去住宿了，他一个月没回家都不哭，而且在学校里适应能力很强。他很认真地听我讲，然后我问他："如果有一天你被一所优秀的学校录取了，条件就是你必须去那里住宿，要离开家，你会去吗？"他点头说会。我说："这就对了啊，你迟早都要离开爸妈的怀抱，早点独立是好的，而且，也不差这三天啊，前面几天你都那么开心地度过了，何况如果你吵着说要回家，你爸妈也会担心你的啊，不是吗？所以答应老师好不好？留下来，我们努力锻炼自己。"他思考了一下，然后点了点头。我心里的石头才放下了。然后我送他回房间睡觉，郭老师说他父母没空接电话。但是第二天早上我们吃完早饭后，郭老师突然接到他父母的电话，他们全家人开车过来接他回家。

分 析

向日葵需要向阳才能灿烂开放，仙人掌需要离开水才能遍身荆棘，雏鹰需要奋力一跃才能自由飞翔，祖国的花朵也需要悉心灌溉才能明媚盛开。懂事的孩子并非一朝一夕就能培养而成，每个人都不是一出生就懂事，会理解父母的。我们都是在慢慢的成长过程中学会独立、坚强、体谅、友爱等品质的。我们的父母都希望自己的孩子是最懂事的那个，但是，懂不懂事也是需要培养的，而非一蹴而就。老师要引导学生体谅父母，不让父母操心；家长要学会放手，让孩子独立成长，给予孩子鼓励而非迁就；同学要给予互相加倍的爱与友情的温暖，共同度过难熬的时光。

其实，本来小强是挺懂事的，而且算是比较有思想、有想法的孩子。在跟他沟通，讲道理时，他会认真听然后思考才做出回应。原本他已经答应留下来锻炼自己的独立能力的，谁知道反而父母却不淡定了，还出动全家来接他回家。小强本来在心里是明白父母的艰辛的，他也在试着体谅父母，学着做一个懂事的孩子，但是如果父母不配合，过度关心或紧张了，反而不利于培养孩子的优秀品质与坚强人格。

结 果

对于他们全家人开车过来接他回家的结果，我们感到无奈与不舍，为了避免其他学生看到有人回家了而产生情绪，我只能带着其余的学生出去做户外活动，由郭老师带小强回去收拾行李。

专家点评

家校的协同性是教育成功的重要前提。孩子参加活动期间想家是适应性问题，而离家外宿的夏令营功能之一也在于锻炼孩子的坚强勇敢，提高生活适应能力。本案例中，孩子家长不能支持教师的工作，反而提前"出动全家来接他回家"，中断了孩子的适应性辅导，非常可惜。这类离家外出的教育，如夏令营、寄宿制的幼儿园和学校等，一个基本规律是，家校保持一致的态度能帮助孩子缩短适应过程，而家校之间、监护人之间表现出不一致的态度，将强化孩子对新环境的不适。孩子在适应性方面的痛苦和挫败往往来自于父母的无原则迁就。

（熊少严：广州市教育科学研究所原研究员、编审）

早日告别多动症

>> 冯惠玲

认错则进步

案 例

小吴（化名），男，三年级学生。个子挺高，稍胖，看着挺内向，其实调皮捣蛋。在营期间，他经常离开队伍，喜欢独自探究新鲜事物，不热衷集体活动。经常与同伴发生争执，出现打、咬、掐、骚扰、挑衅同伴的行为，并严重影响到整个宿舍的正常作息，是队里人人讨厌的对象。

家长曾带他看过医生，并确诊为小儿多动症。家长坦言孩子的好动确实让他们头疼，同时医生也对其做了专业治疗。日常生活中，母亲对他的关注和照顾无微不至。小吴的多动症已有好转的迹向。

小吴参加了由广州市团校举办的两期夏令营。我们在了解他的病情的基础上对他进行密切观察。我们发现，小吴还是挺喜欢夏令营生活的，只是在自我认知和人际交往方面有点迷茫。细心的辅导员发现小吴的另一面：心地善良、活泼开

朗，喜欢流行音乐，擅长打高尔夫球。但他的好奇心与好动的行为常常使他不能将注意力融入集体活动中去。甚至在一次小组活动中，他擅自离队乱跑，结果撞伤了额头。当他违反小组纪律的时候，面对其他组员的指责，他会表现出不屑、不认错或推卸责任的行为。对于辅导员的教育和劝说偶尔会表现不耐烦。当他做得不对的时候，轻声讲道理他会听，但没过几分钟又重复同样的错误；面对严厉批评的时候，他要么充耳不闻，要么马上逃跑。

他的妈妈表示小吴在学校也存在类似的情况，给老师和同学们增添了麻烦，表示抱歉。希望他能在夏令营中得到非药物的治疗。

分 析

据资料显示：多动症的发病率约占学龄儿童的2%～10%，男孩明显多于女孩。对于多动症的儿童应尽早治疗。治疗多动症需要耐心、时间、爱心，同时配合药物治疗。针对这一案例，我们采取了以下措施：

（1）进行差异管理。密切留意小吴每天在集体中的表现，本着"尊重与包容"的原则，多陪伴多指点。力争取得小吴的完全信任。在彼此信任的基础上，逐渐改掉小吴的坏毛病。

（2）帮助小吴重新融入集体。同伴对小吴的排斥和厌恶的主因是他不遵守纪律，挑衅同伴，无故打人，还损害集体利益。为此，我们适时找小吴谈心，让他意识到自身存在的问题以及他的行为给小组带来的影响。其次，同时做好其他营员的思想工作，趁此机会引导营员们学会相互尊重、相互包容，让小吴重返小组温暖的怀抱。

（3）与家长保持联系。充分了解小吴的生活经历和教育背景。根据家长对小吴的情况的讲述、希望达到的目标及小吴自己的目标，坚持个别化原则，制定相关辅导方案。

（4）鼓励小吴多接触同伴。引导小吴学会与同伴和谐相处，并学会使用一些基本的礼貌用语，让他逐步得到同伴的认可和接纳。

（5）让小吴做辅导员的小助手。一来可以改善小吴在同伴中"捣蛋鬼"的形象；二来可以增强小吴的信心和能力，让他相信自己是可以做好的。

结 果

小吴学着与同学相处,使用了谢谢、对不起等礼貌用语;在野炊的时候还会帮忙洗菜,拾柴火;在日常中,小吴变得懂事听话,也懂得了互相帮助,更是爱上了集体活动,学会了维护集体荣誉,也没有出现擅自离队的现象。在摘果子的那天,小吴学会了分享和感恩,不但愿意帮助其他小伙伴摘果子,还主动把自己摘的果子送到辅导员面前说:"老师,你辛苦了,给你吃。"在闭营仪式上,小吴参加了集体朗诵《少年中国说》,颁奖仪式上,小吴从团校领导手上接到奖状的那一刻,他笑了,他的辅导员悄悄地抽泣着。小吴的妈妈看到儿子的变化,开心地再三对辅导员表示衷心感谢!

专家点评

这是一个感人的案例,夏令营的辅导员老师没有放弃小吴这个特殊的孩子,他们尽心守候,换来了孩子的成长。

目前,儿童多动症的发病率很高。许多家长认为:孩子小,调皮是一种坏习惯,长大了自然就会好。没有充分认识到多动症的本质和危害,对孩子的症状不闻不问,导致孩子病情得不到控制,多动症症状一直遗留到成年。

药物治疗与非药物治疗相结合是早日告别多动症的良策。药物治疗的依据:儿童肾阴不足,虚火上升,烦躁不安,故有发育期的阴常不足,阳常有余。为此,要进行滋阴补肾健脑的药物治疗。非药物治疗的依据:人不是生活在真空里,总要与他人相处,得到对方的认同。为此,要参与社会实践活动,通过活动发现并认清自身的行为与众人不同及带来的后果,自觉地配合非药物治疗是最好的。

身边有多动症的孩子是缘份,要多尊重、包容多动症孩子,对他们多付出些爱。

(曾伟良:广州市团校青少年校外教育资深导师、主任)

青少年校外教育丛书

知错能改 善莫大焉

>>> 杨佐强

案 例

"咚咚咚",是谁在敲门呢?我把门打开,发现是三名哭哭啼啼的学生。"乖,发生什么事了,告诉老师。"我充满迷惑又好奇地问。因为,此时是刚来夏令营的第四个小时而已,是什么事能让三位小朋友同时满脸委屈地向老师哭诉?难道是孩子们之间发生了什么矛盾吗?一脸疑惑的我从这三名学生口中得知,中午刚竞选的那位队长,因为贪玩、胡闹,没有正确使用老师给予的权力,在房间里肆意对这三名学生做训练。

"你们三个给我站好,不要乱动,看着对方的后脑勺,手臂夹紧给我站十分钟军姿。"一名学生转述队长的话,"还有我们不听和站不好的话,他就惩罚让我们蹲着,中途还用袋子套我们的头,我们在站军姿,他就一个人在床上看电视,我们站累了,他就加时间。"另外一名学生补充道,还有一名学生闷头哭。听到这些,我已经感受到他们心中的那种"吃亏""受气"。毕竟这种事,连父母都不舍得这样对待自己的孩子。但我并没严厉批评那名犯错的学生,因为每个孩子都需要成长。

分 析

孩子贪玩,淘气,都属于正常,我们能做到的是让孩子知道哪些可以做,哪些不能做,因为孩子的是非意识还很淡,分析对错的能力还不够强。所以作为家长,只能监督辅助孩子,教导孩子如何判断正确与错误。过于严厉地对孩子进行管教,只会破坏与孩子之间的感情,即使事情很好地解决了,也并不受孩子欢迎,因为孩子都不喜欢被批评。

"队长,你知道你犯了个大错吗?"我皱着眉头望着他。他没有答复我,接着我补一句:"是谁给你这样的权力对待小伙伴的?""对不起,我只不过是想训练一下他们而已。"他开口了,低下头不敢看我。他知道这次玩大了,摊上事了,他知道自己的做法是错误的,只是一时贪玩使他忽略了对与错。我很理解他。他想体验做一名教官来训一下学生,因为他是第一次当上了队长,很兴奋。

此次事件发生之后,他被"革职"了,被惩罚了,但他却没有丝毫的怨气,

而是知道这是他应有的惩罚、应负的责任,这是令人欣赏的。经历这件事,他学会了从小要有担当。

孩子犯错不要紧,如果孩子从不犯错就不正常了。我们要带领和教导孩子正确面对错误并有颗不怕挫败的心。学会和孩子交流,提高孩子的素质,培养孩子的能力,是家长和老师的首要职责。

结 果

这名前任队长之后还常常在队伍里帮助辅导老师整理队形,不仅做事比以往积极,很多时候还起到了带头作用,他是名懂得如何在失败中成长的孩子,并且最后还得到了大家的认可,获得"优秀营员"称号。

专家点评

这个案例包含着几个意义。首先是不同的角色所拥有的权力是不同的,这是一项法的教育;然后,应该如何对待"不听话"的同学,这是爱的教育;第三,如何看待这位新队长的模仿行为,这是教育的观念问题;最后,也是这个案例最出彩最可贵的地方,就是这个孩子对待自己错误的态度,这就是担当意识和勇气的培养。这是一个敢作敢为,也敢于面对自己的错误,不怕挫败的孩子。孩子的这种素养会令他成长得更快。

(熊少严:广州市教育科学研究所原研究员、编审)

后 记

青少年校外教育丛书《少年成长在路上》终于与大家见面了。这套丛书是由一支年龄跨度大（10岁—53岁）的编写团队共同完成的。书中的案例质朴感人，真实生动，富于教育性和启发性，是编写团队的亲身经历，可填补社区青少年校外教育丛书的空白。

感谢广州市团校邱服兵校长为丛书作序，广州市越秀区文德路小学肖宇勇副校长为丛书题词，感谢广州市团校涂敏霞副校长为丛书邀约点评专家，感谢华南师范大学著名教授陈岸涛等专家学者在百忙中抽时间参与本书点评。由于编写团队水平所限，字里行间，难免存在这样那样的不足，恳请广大读者给予批评指正！

编者

2016年5月于广州